3岁叛逆期的正面管教

如何不惩罚、不娇纵地有效管教孩子

王莉 著

朝華出版社
BLOSSOM PRESS

图书在版编目（CIP）数据

3岁叛逆期的正面管教 / 王莉著. -- 北京：朝华出
版社, 2017.9
ISBN 978-7-5054-3963-4

Ⅰ.①3… Ⅱ.①王… Ⅲ.①学前儿童—家庭教育
Ⅳ.①G781

中国版本图书馆CIP数据核字(2017)第090992号

3岁叛逆期的正面管教

作　　者　　王　莉

选题策划　　王　剑
责任编辑　　胡　泊
责任印制　　张文东　陆竞赢
封面设计　　昇一设计

出版发行　　朝华出版社
社　　址　　北京市西城区百万庄大街24号　　　　邮政编码　　100037
订购电话　　（010）68996618　68996050
传　　真　　（010）88415258（发行部）
联系版权　　j-yn@163.com
网　　址　　http://zhcb.cipg.org.cn
印　　刷　　三河市三佳印刷装订有限公司
经　　销　　全国新华书店
开　　本　　710mm×1000mm　1/16　　　　　　字　　数　　192千字
印　　张　　14
版　　次　　2017年9月第1版　2017年9月第1次印刷
装　　别　　平
书　　号　　ISBN 978-7-5054-3963-4
定　　价　　32.00元

前言

在孩子的成长过程中，几乎所有为人父母者都要直面一个非常令人头疼的阶段——当孩子长到两三岁时，那个一直依赖你、毫无保留听从你的乖宝宝，似乎一夜之间长了脾气。他突然讨厌大人把自己当成小孩，有了那么多的"我要"和"我不"，他迫不及待地想要冲出父母的保护，去探索和创立自己想要的世界。

是的，当孩子成长到3岁左右时，他的第一个叛逆期就到来了。3岁是孩子成长过程中最重要的阶段，是孩子的身体、大脑、情感发育和发展的一个至关重要的阶段，也是会让父母感到疑惑、劳神费力、充满挑战，甚至艰难的一段时期。

3岁的孩子身体能量极其旺盛，在发现自己能自由控制身体之后，他开始从父母的羽翼下悄悄探出头来，尝试独立行走。同时，在心理上，他开始坚持自我意见，并通过语言和行动，来强行要求自己想要的东西，表达自己的情绪和想法。

了解到这些之后，你应该为自己孩子的加速成长倍感庆幸，曾经那个只知道躺在床上发呆、睡觉和憨笑的小不点儿，开始一点点融入这个他将长期生活的世界中。在这个过程中，他在进步，在形成自己的想法和态度，在感受独立的艰难与快乐，并由此建立和衍生出区别于他人的个人品质。

面对3岁的孩子，在限制、接纳与引导之间，显然后两项更为有效。因为严厉管教虽然可以维护父母的权威，却会使孩子自身失去良好的判断力；而如果一味地本着对孩子的尊重的态度，从而对孩子听之任之，则又会陷入溺爱的泥淖。而正面管教的方式正是采用接纳与引导的方式让孩子在坚定和善的气氛中成长和自律。这种理论自1981年问世以来，已经成为养育孩子的"黄金准则"，在世界各地都被越来越多的父母和老师接受，并受到他们的欢迎。

正面管教不是粗暴的惩罚，也不是一味地遵循孩子的意愿，而是可以使孩子的日常表现越来越理想，运用技巧达到最佳教养目的的方法。

为了让更多的家长掌握正面管教的方法，我们编写了本书。书中全面而详细地介绍了3岁孩子的大脑、情感发育和发展的特点，辅助家长将正面管教的理念应用于3岁孩子的养育中。

如何给孩子立规矩？

怎么说，3岁的孩子才会听？

如何帮助3岁的孩子培养良好的个性和习惯？

孩子不好好吃饭和睡觉怎么办？

3岁孩子的父母最关心的问题如何解决？

……

所有问题，都可以在这本书里找到答案！

唯有终止负面的教养，才能让孩子活出更好的未来。希望这本书能为父母教养3岁孩子带来帮助，愿所有父母都能教出一个自信、感恩、积极向上的孩子！

Contents
目录

第一章　人小鬼大，别以为你懂3岁孩子的心

有人说"3岁孩子是成人的雏形"。一些潜心研究儿童心理学的科学家通过多项研究证明，在孩子成长的过程中，3岁左右的生长发育会影响他们的一生。此阶段的孩子跟随什么样的人，接受什么样的教育，将来很有可能形成相应的性格。因此，这一阶段父母对孩子的教育变得极为重要。

第二章　爱他，就要了解他：与3岁孩子相处的技巧

孩子进入3岁之后，对于自家那个原本乖巧可爱的小开心豆，很多父母都会突然间换了评价："一点儿都不乖""说什么都不听""每天净跟他生气了"……其实，只要懂一些与3岁孩子相处的技巧，你就会发现，这个难缠的小家伙并非不可驯服，甚至还可以与他和平相处。

第三章　正面管教技巧一：立规矩的7个原则和技巧

3岁的孩子在一天天长大，他们需要理解周围世界的规则，需要顺应社会的期待，需要学会如何与人相处，需要了解行为举止的原则和所必须遵循的度，只有这样，他们才能摒弃鲁莽和任性，成长为真正的社会人。这就是规距在一个人成长过程中的重要性。

第四章　正面管教技巧二：这样说，孩子才会听你的

为什么我们一直都在为孩子着想，他们却不听，还嫌烦？

为什么我们反复纠正他们的缺点，他们却当成耳旁风，再说多了还会对着干？

为什么我们批评，他们就不高兴；一夸奖，他们就得意忘形？

3岁的孩子往往不愿意听我们讲话，即便听懂了，也会在报复心理的作用下故意对着干。所以，只有你和孩子的相处方式让他觉得舒服，或者你说的话让他感觉舒服、受用，他才会跟你建立起良好关系，听你讲话，并由此衍生出好的行为。那么，孩子到底爱听什么样的话呢？

第五章 正面管教技巧三：帮助3岁孩子培养良好的个性和能力

培养3岁孩子良好的个性特征，比整天关注他们的智力发展更重要。对于3岁孩子，此时最重要的并不是让孩子掌握那些为上小学打基础的知识，如会数数，会算10以内的加减法，会背乘法口诀，会认识多少汉字等，也不是像现在大多数父母想的那样，培养孩子遵规守纪，做一个听话的乖孩子，而是让孩子在个性和社会性方面得到健康的发展。

第六章 3岁孩子为什么总是对着干——这样定规矩，孩子才不会抵触

规矩在孩子成长的过程中起着极为重要的作用。一个建立了规矩的孩子，并不仅仅是"乖""听话"和"好调教"，更重要的是，遵守规矩的生活能保证孩子在秩序中成长，让孩子们判断是非善恶，自发地建立良好秩序与和谐的氛围。所以，如何给3岁孩子定规矩就显得格外重要。

第七章　吃饭像打仗——如何让孩子好好吃饭

说起吃饭，很多父母都满面愁容。孩子不爱吃饭、不好好吃饭、偏食挑食、一吃饭就得端着饭碗到处追……孩子不好好吃饭，就不能很好地长身体。为了孩子的身体健康，父母劝说、哄骗，甚至威逼利诱，真是尽其所能，但效果却往往不尽如人意。孩子为什么对吃饭就是不感兴趣呢？如何让孩子好好吃饭呢？

第八章　孩子总是不好好睡觉——爸爸妈妈怎么办？

睡眠对于孩子来说是非常重要的。孩子在睡眠时生长激素分泌增加，这样比较有利于身体和脑功能的发育。睡眠充足的孩子玩儿起来也会精力惊人，情绪愉快，吃东西也香甜，长得也壮实；睡眠不好的孩子则会用烦躁易怒来折腾妈妈，也不爱吃东西，体重增长缓慢，容易生病。所以，良好的睡眠习惯对孩子的健康及成长至关重要，父母一定不能忽视。

第九章　21天效应养成的好习惯——正面习惯的培养

在3岁这个时期，帮助你的孩子养成良好的习惯，可以让他终身受益。养成良好的习惯不仅能让你的孩子在身体上保持健康的状态，同时还能培养他良好的个性，也有助于孩子在德、智、体、美等方面全面发展。因此，聪明的家长一定要在孩子3岁左右培养其良好的教养习惯。

第十章　教养重要，爱更加重要：父母决定孩子的一生

英国教育家A.S.尼尔认为："严酷的家庭法则就是对健全心智的阉割，甚至是对生命本身的阉割。一个屈从的孩子不会长成一个真正的人。"孩子的成长不能脱离规矩，但同时，爱也不可或缺，那么，父母要如何在这两者之间实现平衡呢？

第十一章　妈妈信箱：0～3岁孩子妈妈最关心的问题

你的3岁孩子是不是上幼儿园了？你的孩子爱打架吗？你的孩子是不是变得磨磨蹭蹭？你的孩子是不是开始对性别敏感了？你的孩子是不是越来越任性？你的孩子是不是有心事……每个孩子在3岁时都会或多或少地存在一些问题，这是他们成长中的必经之路。担心是没有用的，想出解决办法才是王道。

第一章

人小鬼大，别以为
你懂3岁孩子的心

有人说"3岁孩子是成人的雏形"。一些潜心研究儿童心理学的科学家通过多项研究证明，在孩子成长的过程中，3岁左右的生长发育会影响他们的一生。此阶段的孩子跟随什么样的人，接受什么样的教育，将来很有可能形成相应的性格。因此，这一阶段父母对孩子的教育变得极为重要。

3岁是孩子的第一个转折点：决定孩子的一生

当你的孩子从只会简单地说"爸爸、妈妈"，到有意识地说"爸爸妈妈，我要……"时，就表明他已经开始有了自我意识。这时千万别再把这个小家伙当成刚学说话的孩子来对待，此时他已经开始变得独立，俨然一个"小大人"了。这一时期孩子的性格和思想所发生的一系列变化，都是在为他的未来打基础。

有人说"3岁孩子是成人的雏形"，这话虽然有些绝对，但也有一定的道理。那些潜心研究家庭教育的科学家通过多项研究证明，在孩子成长的过程中，3岁左右的生长发育会影响他们的一生。此阶段的孩子跟随什么样的人，接受什么样的教育，将来就很有可能形成与此相应的性格。因此，在这一时期，父母对孩子的教育变得极为重要。

当你发现自己的3岁孩子开始做出一些令你意想不到的事情时，先别急着表现出惊异的表情，因为他还会有更精彩的表现。

孩子到了3岁便开始具有较强的学习能力，你可能认为他与生俱来就拥有这些能力，事实上，他的很多能力都是通过后天学习得来的。也许你觉得学习一门外语是一件很难的事，3岁的孩子却能轻松学会；身处异乡的孩子会很快适应当地的社会风俗习惯，而不容易习惯陌生环境的事经常发生在大人身上；洗澡时，你只给孩子解开扣子，他就会自己脱衣服……3岁的孩子每天都会给你带来更多的惊喜。

3岁孩子的大脑就像一块海绵，可以无穷无尽地"吸收"周围的事物。

这时，如果父母给孩子提供系统的学习机会，那么他们的大脑会在使用中不断扩容，而且脑细胞间的联系会更多，就像互联网一样，渐渐变得四通八达。这样，孩子便可以产生惊人的学习能力。

我们来看看，3岁的孩子会表现出哪些惊人的学习能力：

3岁是人类心理发展的一个分水岭，也是孩子学习语言的关键期。通常来说，孩子到了3岁的时候就会表达比较复杂的句子，甚至会使用不同时态和语态的动词或者连词，会使用长句和分句。在这个年龄段，孩子开始从无意识的状态过渡到有意识的状态，而且已经建立了他所在的生存群体所特有的心理结构和语言表达机制。

3岁时，孩子的肌肉控制能力也在迅速提高。这是掌握许多精细运动的基础。他可以独立或合并运动自己的每一根手指，这意味着他从以前用拳头抓蜡笔的方式发育成与成人更加相似的握笔方法——大拇指在一侧，其他手指在另一侧。现在他能够画方形、圆形，或自由涂鸦。

3岁孩子的想象力十分活跃，他可以对任何事物赋予独特的想象，而且特别喜欢问"为什么"。

孩子到了3岁就有回忆性记忆了，这个时期的孩子对周围环境充满了好奇心，并开始用自己的方式去探索，喜欢爬高和各种冒险。在这个时期正确启蒙孩子的好奇心，对一个孩子的成长是非常有益的。

3岁孩子具有较强的阅读能力。他可以指认出日常生活中熟悉的文字，还可以觉察出文字的不同意义。比如，3岁孩子知道妈妈贴在冰箱上的购物清单和餐厅里的菜单，它们的用途与功能是不一样的。

3岁孩子的听音辨识能力也很敏锐。如果爸爸妈妈经常给孩子念童谣、唱儿歌，那么，他对语音的感知会变得更为敏锐。

当然，每个孩子的学习能力是不一样的，父母不能因为孩子学习或接受新事物较慢就对其加以指责。当你对孩子大发雷霆，指责他"小脑袋简直糟糕透顶""真是不可救药"，甚至打骂他时，要考虑到孩子幼小而脆弱的心灵是承受不了这些批评的。

当你3岁孩子的行动或者表现没有达到预期时，我们不妨降低自己的期望值，多给孩子爱的鼓励，耐心引导，这样对建立3岁孩子的自信心是很有帮助的。

3岁是自我意识的爆发期：不要、不行、不可以！

在伴随孩子成长的过程中，几乎所有为人父母者都要直面一个非常令人头疼的阶段——当孩子长到十五六岁时，那个一直依赖你、听从你的乖宝宝，似乎一夜之间长了脾气。他突然讨厌大人把自己当成小孩，有了那么多的"我要"和"我不"，并像羽翼渐丰的小鸟一样，迫不及待地想要冲出父母的保护，去探索和创立自己的规矩，并以此为基准建立自己想要的世界。

这就是叛逆期。看到这里，很多新晋父母也许会长舒一口气："还好还好，我的孩子离十五六岁还早。"但你所不知道的是，在孩子的成长过程中，叛逆期有两个。我们所熟知的十五六岁，已经是孩子的第二个叛逆期。在孩子3岁左右时，他们便开始有了"我"的意识，并已经进入人生的第一个叛逆期。

叛逆期在国外也被称为"狂躁期"或"困难期"，可见身处此时期的儿童在意识层面的反抗和对外界的抗拒有多么强烈。然而，深究这一系列心理变化的主要原因，你会发现是独立意识和自我意识的大爆发。因此，作为人生第一个叛逆期的起点，3 岁这个年龄段便成为孩子心理发展的关键转折期，这一阶段的教育，是决定孩子未来人格力量的基石。孩子在 3 岁左右时，自我意识会慢慢增强，也就是有了"我"和"我的"之类的自我表现和自我发展意识。这个阶段的孩子，有的不只是个性，还开始展现出很多令人惊喜的能力，父母如果引导得好，孩子就会乐于朝着父母期待的方向成长。

脾气执拗，反抗父母，表现出对独立的渴求

无论是从婴儿过渡到幼儿，还是从少年过渡到青年，两个叛逆期内的孩子都表现出对独立的渴求，以及对父母依赖的逐渐淡化。"不行""不要""爸爸讨厌""妈妈躲开"，等等，这些都是 3 岁左右孩子开始频繁使用的话语；在行动上，一旦稍不顺意，他就会用打人来表达自己的不满和反抗。从前以父母为中心的孩子，在此阶段会更倾向于听从自己内心的声音，甚至固执己见，仿佛时刻准备好了跟大人对着干。

3 岁左右的孩子能量旺盛，在发现自己能自由控制身体之后，他开始从父母的羽翼下悄悄探出头来，尝试独立做主。同时，在心理上，他也似乎已经意识到自己和妈妈是不同的存在，于是开始坚持自己的意见，并通过语言和行动，来强行得到自己想要的东西，表达自己的情绪和想法。

即便如此，你依然会为孩子的加速成长倍感欣喜，孩子在进步，在形成自己的想法和态度，在感受独立的艰难与快乐，并由此建立和形成区别于他人的个人特质。

面对叛逆期的孩子，父母应该怎么办

3 岁是孩子容易走极端的年龄，鉴于智力发展水平和见识的限制，孩子虽然想遵从自己内心的意愿，但往往很难形成明确并坚持到底的想法，因为他们最初形成的自我观念，还仅仅停留在抗拒父母的指令之上，所以，常常会表现得像故意和父母较劲儿一样。比如，妈妈让孩子坐在儿童椅上吃饭，他一边高声叫喊着"不"，一边执拗地不肯坐下。然而，当妈妈把孩子从儿童椅里抱出放到凳子上时，他又甩动着两条小腿，闹腾着想要坐回原位。反复几次，忍无可忍的妈妈便会训斥孩子，于是孩子就开始大哭大闹。其实，这个时期的孩子什么都想尝试，试过之后却又会害怕；觉得自己能做，做了之后却发现做不好：这就是身处第一叛逆期孩子的困境。加之他对事情发展的控制能力有限，因此，父母就需要以极大的耐心去应对孩子在探索自我过程中出现的各种状况，而不能只是靠小心抚慰或严厉训斥去对待。

面对叛逆期的孩子，在限制、接纳与引导之间，显然后两种做法更为有效。因为严厉管教虽然可以维护父母的权威，却会使孩子失去良好的判断力，放弃理性思考而随波逐流。而如果一味本着对孩子尊重的态度对他过度依从，则又会陷入溺爱的泥沼。因此，要在不压制孩子自我意识的前提下抚平他的情绪，有一种简单易行的方法，那就是由父母给出几个经过筛选且自己能够接受的选项，然后让孩子自行选择。比如，在孩子玩耍时，父母不要直接命令孩子不能随意丢玩具，而是换成可供孩子选择的陈述句："如果你不想玩儿了可以把汽车放到玩具箱里，或摆在柜子上。"睡觉的时候，父母也可以给出类似的选择："咱们是现在上床，还是5分钟后上床？"这样的做法既可以让父母在潜移默化中对孩子的行为做到良性引导，又可以让孩子因为自主选择打破被控制感，进而帮助孩子建立积极的自我意识。

如果孩子不愿意在其中进行选择，依旧要坚持自己的意愿，而这样的意愿恰恰又是父母不可接受的，那就直接告诉孩子，这样的要求不在选项之列，然后再次给出自己的选项，让孩子决定。在这种情况下，父母最好避免不断地询问孩子"好不好""行不行"，因为这只会给孩子提供一次又一次说"不"的机会，之后则需要父母花费更多的时间和精力，对孩子进行解释和劝告，反而起不到引导孩子行为的作用。

同时，研究也发现，孩子在面对经常照顾自己的人时，更容易表现出逆反。因此，育儿专家也建议家庭其他成员要尽可能多地参与到孩子的成长过程中来，特别是父亲，要多陪伴孩子，建立良好的亲子关系。因为父亲的一言一行里往往渗透着规则，实践表明，父亲陪得多，孩子更容易形成规矩意识，也更善于控制自己的情绪。

3岁是语言大爆发时期

某一天，你会发现你的3岁孩子似乎一夜之间变得说话像个小大人一样，这时你是不是感到非常惊奇？多数父母会认为"我的孩子真是一个语言天才"，但真是这样吗？

当爸爸一边盯着电脑，一边从桌上拿走宝宝的饼干放到嘴里时，他并没有意识到旁边的宝宝正在愤怒地盯着自己。见爸爸没有什么反应，宝宝走到厨房拉着妈妈的衣角说："妈妈，爸爸真讨厌，偷吃了我的饼干。"起初妈妈并没有在意，但她接触到宝宝的目光时，突然意识到自己的3岁宝宝说话竟如此流利。这让妈妈感到非常兴奋，她对爸爸喊道："咱们的儿子真是语言天才！"

事实上，绝大多数的3岁孩子都是语言天才，他们具有天才般的学习能力，语言能力的爆发就是一个最明显的表现。

专家研究发现，孩子学习语言不是慢慢地一字一句地学习，而是存在"语言爆发期"。美国心理学教授鲍勃·麦克默里认为，孩子学习说话的过程大多是父母注意不到的，正是在这些不被察觉的学习过程中日积月累，才产生了令父母惊异的结果。

到了3岁，孩子的语言表达能力会变得非常强大：

大多数3岁孩子的词汇量能达到1000个左右；

他们能够表达复杂一点的句子，从单词句转化为双词句、多词句；

他们已经掌握了母语，不仅能说出自己叫什么、几岁了、父母叫什么、家住在哪里等，还可以背诵一些简单的儿歌、唐诗和电视节目的广告词；

他们会猜一些简单的谜语，学习自编谜语，当然还存在很多语病；

他们虽然开始使用一些复杂的修饰语，但语言表达仍是情境性的；

他们喜欢和大人一起交谈，尽管表达上还是有些困难和不足；

他们喜欢听大人讲一些简短的童话、故事，并能记住它们的内容。

显然，3岁是孩子学习语言的最佳时期。如果错过了，将十分可惜。我们都听说过"狼孩"的故事，印度"狼孩"卡玛拉被人发现时已经7岁多，身上毫无正常儿童的特征，不能像人一样直立行走，不会说话，更不会和他人交流。卡玛拉回到人类社会后，经过长达六年的专业人员的护理，也只学会了走路，到17岁时才学会十几个单词，智商只有4岁孩子的水平。显然，错过了孩子学习语言的关键期，将是一件很糟糕的事。

环境对3岁的孩子来说非常重要。如果这时的孩子经常和一些语言表达丰富的孩子玩耍，时间一长，他们也会变得像这些孩子一样能说会道。如果孩子周围的人说的都不是普通话，小家伙就会模仿，此时爸爸妈妈一定要教孩子正确的发音，表达内容也应尽量准确、清晰。

孩子到了3岁，开始出现自言自语的现象，这其实是孩子利用语言来调节自己行为的开始。爸爸妈妈不妨留意一下，你的3岁孩子有时会一边玩儿，一边一个人大声不停地说话，这是他正在运用语言的自我调节功能呢！有了这个自言自语的学习过程，孩子慢慢消化吸收通过"鹦鹉学舌"学来的语言，当大脑的思维真正把语音与语义结合起来，他的语言能力就会发生质的飞跃。因此，看见孩子在那里自言自语时，千万不要打断他。

一般来说，孩子在3岁的前几个月，词汇量会增加得很快，看图学说话是他丰富词汇有效且快捷的方法。这时爸爸妈妈可以和孩子一起阅读故事书，通过看书中的彩图引导孩子去表述。比如，指着故事书上的苹果问孩子是什么，当孩子说出答案时，爸爸妈妈可以继续问孩子"是什么样的苹果？"，孩子可能会说"是个又大又红的苹果"。"是什么味道的？""又酸又甜的。"……爸爸妈妈再把这些分开的句子连起来，组成一句"这是一个又酸又甜的大红苹果"。让孩子跟着多说几遍后再让他自己说出来，引导孩子一边观察一边说出形容的词汇，使其语言逐渐丰富起来。

同时，爸爸妈妈还要善于随机利用日常生活中的语言训练时刻。比如，妈妈在接孩子回来的路上，可以问孩子今天有没有交到新朋友，有没有学习新的儿歌，老师有没有布置作业……父母要及时了解孩子当天的学习内容，以便更好地辅导孩子，这种互动也会提高孩子的学习热情和语言能力。

当孩子长到3岁的7～9个月时，他已经具备了一定的语言听说能力。这时父母可以给孩子讲故事，在故事讲到一半时，让孩子充分发挥想象力，然后自己把故事讲完。这样，孩子慢慢地学会自己编故事，按事情的发展过程讲出来。这样循序渐进，既可以很好地发挥孩子的想象力，还可以促进孩子的语言叙述能力。

当孩子长到3岁的10～12个月时，父母不但要让孩子复述故事，而且要向他提出问题，多问一些"为什么"，让孩子练习用一些关联词来回答问题。如："为什么你的同伴凯琪学习这么好呢？"孩子可能会说："因为她很喜欢，所以学习好。"可以通过讲故事的方式让孩子自如掌握这一类的关联词，并能应用到日常生活中，使孩子学会按因果推理回答问题。

社交与情感的需求期：渴望交到好朋友

在生活中，很多父母担心自己的孩子：孩子这么小，能否和其他小朋友相处呢？事实上，这种担心是多余的。孩子到了3岁，团队意识、合作意识都开始萌芽了，也就是说，孩子在此时已经由自然人向社会人转变了。

和2岁的孩子相比，3岁的孩子会更加独立，对父母的依赖也在渐渐减少，这是孩子自我意识得到强化和内心安全感提升的表现。3岁的孩子开始产生了与他人发展友谊的强烈愿望，他会更乐于和小朋友一起配合做游戏，而不再是自己独自玩耍。在与人交往的过程中，3岁孩子会意识到每一个小伙伴都有自己不同的性格和想法，有的比较张扬，有的则比较安静；同时，在发展友谊的过程中，他还会发现自己也有一些让人喜欢的特征，这些发现对3岁孩子的自我认同感和自尊心的培养非常重要。

此外，3岁孩子的团队意识也开始真正萌芽。3岁半以后的孩子，已经懂得互相帮助了。在一些游戏活动中，他不再是一个旁观者，而成了真正的参与者，能自然、友好地与小伙伴组成几个人的小组。这个小组能否壮大，与孩子的自理能力、自我表现有很大的关系。孩子们只有在愉快的创造活动中才能结为快乐的伙伴。有了好朋友以后，孩子会逐渐产生"为了达到某个共同目标和朋友一起努力"的意识。这种密切的伙伴关系有助于激发孩子参与集体活动的主动性和积极性。

很多性格内向孩子的父母总是很担心将来孩子难以融入社会，这是可以理解的。一个活泼开朗、乐于与人相处的孩子更容易受到同伴的欢迎和喜爱，而且也更容易适应新环境，但是对内向的孩子而言就没那么顺利了。有些孩子由于缺少同龄伙伴、接触面较窄等原因而导致性格内向，不善于与别人交往。针对这种情况，父母就要在日常生活中尽可能多地为孩子创造交往的机会，同时教给孩子与人交往的技巧。

尽管3岁孩子已经开始有了初步的社交意识，但这还只算是一个启蒙期。毕竟不是所有的3岁孩子在此时都表现得很合作，因为现在的孩子大多是家里的"小王子""小公主"，被一家两代人甚至是三代人宠爱。过度的呵护与溺爱，使得这些孩子心目中只有自己而无旁人，不愿与人分享，不愿与人合作。

童童马上就要上幼儿园了，可是他从小到大一直没有一个玩儿得来的小伙伴，因为没有孩子愿意和他一起玩儿。原来童童从小就受家人的溺爱，占有欲也越来越强，自己的玩具从不主动拿去与别人分享，他喜欢的东西别人也不能碰。由于在家里受宠，童童很霸道，当想要某个东西却得不到的时候经常会撒泼；有时候在外面还欺负小朋友，总是把他们招惹哭了。童童有他自己的理由："我喜欢的东西，就是我的，别人都不能动。"这真是一个令人头疼的孩子。

家长要清楚的是，即使你的孩子与其他孩子之间刚开始很好相处，但多数也只是表面现象。如果涉及更多的原则问题，你的孩子同样会表现得有些自私和霸道，让小伙伴对他望而却步。因此，在这个启蒙期如何引导孩子获得更多的团队合作技巧才是最重要的。

想要培养孩子更多的合作意识，就要支持和鼓励孩子自己去发展新朋友，这是获取合作最重要的一步。

会玩儿的孩子朋友多

会玩儿的孩子往往会有很多的追随者，这样的孩子也容易成为小团队里的领袖，而且共同的兴趣爱好又常常能把几个孩子聚合在一起，使孩子在交往过程中能结交更多的新朋友。

别以为孩子在玩儿的方面永远无师自通，有时候他们也需要父母的指导，需要成人智慧的引领。这就要求父母要先了解孩子的兴趣，尤其是多数孩子喜欢玩儿的东西，比如，水、沙子、橡皮泥、积木的各种玩法，同时还要培养孩子的广泛兴趣。

多营造孩子的交往环境

3岁以后，父母可以帮助孩子设计一些活动。比如，让孩子每周和其他孩子玩儿几次；也可定期邀请几个小伙伴来家里做客，这时父母要表示欢迎，并主动拿出孩子的图书、玩具，引导孩子们一起阅读或游戏。

当然，孩子们可能会在游戏过程中产生一些分歧和小矛盾，你的孩子可能会吃点儿亏、受点儿委屈，你要先有心理准备。要知道，孩子之间的交往不可能总是愉快的，可这对孩子来说有可能是一个很好的学习和适应机会。

你一定要说服自己先做一个旁观者，让孩子们在相互争吵中明白游戏的规则，进而慢慢学会自己解决问题。从某种角度来说，孩子之间的吵架也是发展智力、锻炼交往能力的一个有效途径。当然，事先或事后你可以给孩子提出一些处理矛盾的方法，以便他们在遇到状况时不至于做出过于偏激的行为。

教孩子一些交往的技巧

孩子们在玩耍前，你要告诉你的孩子，在合作中既要尊重对方，顾全大局，讲统一，又要有自己的立场。当孩子与同伴在活动中意见不统一或玩儿得不愉快时，你应当及时引导孩子们，让他们相互商量用什么方法可以使大家都玩儿得愉快，比如用猜拳、轮流等方法协调关系，确定共同的目标，使活动顺利进行。通过一次次的交往与合作，孩子便会逐渐学会合作的方法和策略等。

一些儿童教育专家经过调查发现，孩子在进行合作时会运用的社交技巧主要有倾听他人，管理情绪，支持和鼓励他人，轮流参与，向他人表达胜利的喜悦，以及向他人提出批评性意见等。

充满激情地赞美和鼓励

当孩子进入正确的交往状态时，父母的赞美和鼓励是必要的，你可以亲吻、拥抱或抚摸孩子，这不但能让孩子感受到你的爱，更能让孩子明白自己的行为是正确的，因而才会得到爱抚。

让做什么偏不做，说什么他都会顶嘴

许多父母都有这样的体会：孩子进入3岁之后，便经常和父母顶嘴、说反话，甚至直接对着干，大人不让干什么，他非要干什么。这个持续半年至一年的阶段，在儿童心理学上被称为"第一叛逆期"，其突出表现就是，自我意识萌芽，好奇心强，自己的事情要自己做，并不希望遭到他人干涉。一旦想法和行为被大人反对或禁止，就会说反话、顶嘴，甚至一意孤行，坚持按自己的想法行事。

这是一个令父母无奈的阶段，但综合孩子的整个成长历程，顶嘴甚至反叛，并不是应当被全盘否定的毛病。

美国的一家儿童研究中心曾做过这样的实验，他们选择了100个2～5岁的儿童，按照他们的逆反程度分成两组。一组爱顶嘴，逆反性强；另一组则相对温顺，较少对父母的指令或要求进行质疑。根据15年的追踪实验，结果发现，在50个逆反性强的儿童中，有80%的人长大后拥有较强的独立判断能力；而在另外50个逆反性弱的儿童中，只有24%的人能在长大后自我行事，但独立判断能力仍比较弱，很多时候都需要依赖别人，或参照他人给出的建议和意见行事。专家由此得出结论：逆反性是一个孩子自主意识的萌芽，这个阶段也是孩子提高判断力的良好时机，如果父母压制孩子的逆反，只是一味地要求他们听话、顺从，那么孩子判断力的发展就可能受到很大影响。

综上所述，对3~6岁的孩子而言，顶嘴和任性并不是什么原则性问题。家长固然从心底里厌恶这个讨厌的反叛期，甚至被孩子的逆反伤了自尊，但也千万不要肆意打压，因为在这个孩子个性形成的关键期，家长态度的正确与否，直接关系到孩子判断力和独立见解能力能否正常发展。在对3岁孩子的家庭教育中，父母的做法要遵循以下原则。

给予孩子理解和尊重

孩子在3岁时经常冲着父母喊出"不"，这是他们建立自我意识的第一步，他们渴望通过这个"不"字，表达他们需要有和大人一样地位的愿望，同时，也希望通过这样的拒绝，能够被大人赋予选择的权利。所以，父母最好不要对孩子这样的行为横加干涉、表达反对，以免伤害孩子的自尊。

如果孩子的反抗确实是错误的，比如，生病需要吃药、天气热需要多喝水，这个时候他们喊出的"不"，父母就不能听之任之，但要讲求方法与孩子沟通。父母此时不要以长辈的身份进行打压，而是要以平等的姿态征询孩子的意见，通过给予他们选择权利的方式，让他们觉得主动权始终掌握在自己手里。比如，"你要用凉水吃药还是温水吃药""你是现在喝水还是准备睡一会儿再喝"。

对孩子的要求要合情合理

对于那些必须严格遵守且孩子又能很轻易做到的事情，比如晚上9点钟睡觉、不躺着看书、吃饭时不玩儿玩具，等等，父母不要给孩子任何协商或讨价还价的余地，要求他们必须严格执行。而对于诸如穿衣服究竟是先穿上衣还是裤子，回家先看电视还是先做作业，或者是那些孩子不愿意做而且又可做可不做的事情，就可以将决定权交给孩子自己。

在时机的选择上也要注意，如果孩子正玩儿得兴致勃勃，你却非要求他马上睡觉，亲子冲突必然会发生。此时，正确的做法是，给孩子留下一些时间，让他能从游戏自然过渡到休息状态。比如，可以这样要求宝宝："宝贝，该睡觉了，再给你15分钟时间，收拾好玩具咱们洗漱上床。"

给予孩子充分信任，满足他们的好奇心和合理要求

父母的过度干涉和保护，也是造成孩子顶嘴、反抗的一个重要原因。试想，一个对周边一切都兴致勃勃的孩子，其所有探索行为都被大人质疑、否认，甚至直接包办代替时，孩子必然会失去很多难得的学习和探索机会，同时，因为天性被压抑，孩子又可能在挫败中与父母顶嘴、争执。

聪明的父母一定要给予孩子充分的信任，满足他们的好奇心和合理要求。比如，孩子想知道爸爸的剃须刀为什么一放到唇边，那些扎人的胡茬儿就消失不见了，此时，爸爸就可以大方地将剃须刀"贡献"出来供孩子拆卸和探索，当然，为了保证孩子的安全和剃须刀不被破坏，这一切都应当在爸爸的带领下进行。这样，不仅没有压制孩子的天性，更让父子在这样的活动中增进了关系。孩子感受到了信任，又在自我实践中体会到了成功的快乐，他自然就不会和父母顶嘴。

不娇惯、不纵容

孩子跟父母顶嘴，虽然是他成长发育过程中的正常现象，但父母如果放纵这种行为，就很容易使孩子养成任性和刁蛮的个性。因此，对于习惯用顶嘴来实现自己不合理要求的孩子，父母一定要用更多的耐心，向他说明不能满足要求的原因，同时，设法转移孩子的注意力，用另一件他可能更感兴趣的事情来替代他正在争取的要求，以避免正面冲突。如果以上做法最终无效，孩子因为要求得不到满足而哭闹，父母也千万不能因为心软或无奈就妥协，而是要立即走开，用冷处理的方法来终止孩子的不合理要求。

叛逆期真相：3岁不乖没有错，3岁太乖要小心

孩子进入3岁之后，那个原本乖巧可爱的小开心豆，突然变得"一点儿都不乖""说什么都不听"……对于孩子在成长过程中出现的这种变化，很多父母都会手足无措，然后着急上火。其实这都是他们成长发育中的一种必然变化，3岁孩子不乖没有错，相反，如果太乖，父母则需要多加小心。

刚将龙龙送入幼儿园的妈妈最近苦恼不已，因为自打儿子入园后，她从老师口中听到的从来不是表扬，而是……儿子每天在幼儿园里闯的祸都够写一本书了，老师总是很无奈地告诉龙龙妈妈，老师不让小朋友们钻树丛，龙龙偏偏跟几个小朋友趁老师不注意跑到树丛里玩儿；老师让小朋友们玩耍时要小心，不要撞到别的小朋友，块头儿本来就比别人大的龙龙总是表现得鲁莽，横冲直撞时难免会碰撞别的小朋友；跟小朋友们做游戏时，龙龙总是很急躁，有时还会对别的小朋友发脾气……

3岁左右的儿童，出现像龙龙这样的叛逆行为，其实与他们自身的成长发育有关。发育过快和发育迟缓的孩子，都有可能出现"不乖"的状况。

随着社会经济的快速发展，现在的孩子普遍营养良好，发育比过去的孩子快很多。一旦孩子身体的发育速度超过脑部控制系统的发育速度，他们的身体往往就不受自己控制，常常表现出一种"故意"的态度。这就会让妈妈错误地认为，孩子的暴躁、莽撞、没轻没重都是故意的，是孩子"不乖"和"不懂事"的表现。此外，有的孩子可能发育比较缓慢，个头儿小小的，语言表达、身体协调及运动等能力似乎也不如别的小朋友，也更容易表现得鲁莽。比如，对于父母不让干的事情，发育有些滞后的孩子还无法像别的孩子

那样做出判断，便很容易忽略危险或单纯为了好玩儿硬着头皮去做，因此很可能撞到别人或伤着自己。因为语言能力发展滞后，很多想说的话往往不能得到充分表达，这时候孩子也很容易表现得急躁，有时甚至对别人发脾气。这些表现，通常也会被父母认定为不乖。

对于突然变得不乖的孩子，父母应及时注意他们的身体发育情况，从而对孩子的行为做出正确判断。如果孩子是因为发育过快无法控制身体而犯了错误，父母不应该责骂和批评，而应该从正面进行引导，逐步改善他们对自己身体的控制力。比如，孩子因为跑得太快把别人撞倒了，你可以这样引导他："如果你被别人撞倒了，会不会疼呢？""你受到了伤害，希望别人向你道歉，现在你伤害了别人，是不是也应该给别人道歉呢？"对于那些因为自身能力还未得到全面发展而不断犯错的孩子，父母应该耐着性子，鼓励孩子尽情表达自己。遇到障碍时，也不要因为他不如别人就加以责难，应适时引导，多鼓励多交流，从而加强孩子的语言和行动能力。

对于那些两三岁就表现得像大人一样，听话、懂事、随时随地都知道照顾别人情绪的乖孩子，父母也不要因此高枕无忧。专家认为，小孩子乖不是问题，但3岁正是孩子自主意识、独立意识萌发并快速发展的时期，这个时期的孩子如果太乖、过于顺从，就会养成凡事听别人安排的习惯，丧失做事的主动性，从而影响到孩子主观能动性和创造力的发展。顺从型的人总是习惯于满足别人的需要，而不知道自己需要什么，因而不能活出自己，这对一个孩子的成长来讲，并不是什么好事。

这类"乖宝宝"是如何造成的呢？

专家指出，有些孩子的乖是性格所致，有些孩子的乖则是被教育出来的。有的父母本身性格就很强势，常常希望孩子顺从自己，不允许孩子自由发展，他们总是以比较严厉的态度对待孩子，使得孩子在潜意识里就认定自己不乖不行，从而成为"退缩型"儿童；有的父母在教育中总是有意无意地强化"乖"的理念，比如，一旦孩子做出顺从、配合父母的行为，父母就表现得特别高兴，并加以褒奖："看，宝贝多乖！""宝宝真乖，妈妈喜欢你！"父母的种种行为，在孩子那里就会被解读成"只有听话才能换来爸爸妈妈的欣赏"，因此会压制自己的天性以获得父母的宠爱；还有一种父母，作为孩子的第一任老师，本身性格就缺乏主见，孩子在行为处事中也只能学习父母，潜移默化地形成顺从的性格。

了解乖孩子的性格特点后，父母在日常教育中就要多加注意，凡事多询问孩子的意见，不要轻易否定，给予他们自由成长的空间。同时，要容忍并善于理解孩子所说的"不"及其不同意见，以培养他们的主动性和创造性。

如何不惩罚、不娇纵地有效管教孩子

很多父母崇尚严格的教育方式，希望以严肃认真的态度和说一不二的惩戒，将孩子管控在规定的条条框框里。这并没有什么错，而且，也确实有效，回想一下，当他违反"不能爬高"的规定，爬上高高的窗台并得意地喊叫时，你严厉的一声"下来"，的确会让他马上停止动作。之后，如果再训斥一番加以强化，他在很长一段时间内绝对不敢再爬到高的地方。

但是，这些父母恰恰就是被这种临时效果所迷惑。如果将目光放长远些，严厉惩罚最终给孩子带来的却很有可能是伴随他一生的性格倾向，比如以下几种：

愤恨——"这不公平，大人为什么就能这样惩罚我？"

报复——"好吧，现在我小我认输，长大后我肯定让你还回来！"

反叛——"你不让我干，还惩罚我，好，我偏不听你的，我偏要这么干。"

畏首畏尾——"我这么干，会不会被爸妈骂？算了，还是不尝试了。"

偷偷摸摸——"我下次一定要更小心，绝不能让他们再抓到。"

自卑——"我是个坏孩子，爸爸妈妈肯定不喜欢我。"

同样的，长期处于娇纵状态下的孩子，性格上难免会出现以下特征。

霸道——"错了又怎样，反正你们必须得让着我。"

自我中心——"我管你规矩是什么，管你们怎么想，我现在就想这么干，没人能管得了。"

暴躁——"居然不让我这么做？这太令人生气了！"

在明确了严厉和娇纵的危害之后，如果父母既不想惩罚，又不想娇惯孩子，又该怎么办呢？将对孩子的管理建立在尊重与合作的基础之上，无疑是非常科学且有效的。

尊重与合作，这几个字看起来简单，却包含着对人性、意识、未来发展和优缺点的最大包容与释放。将这两个词汇放到规矩教育中，最重要的概念之一就是，孩子更愿意遵从他们自己参与制定的规矩。当孩子因为尊重与包容与父母合作时，他们自然就会规范自己的行为，由此在对规矩的坚守中形成良好品格。

由此可知，对孩子尊重与否，能不能促进其合作，不只是孩子听不听话那么简单，还关乎他的行为品格和未来发展，所以，父母一定要因势利导，根据孩子在不同年龄阶段的情商与智力发展，给予可被他明确感知到的尊重与合作。

3~4岁：准确措辞，清晰传达希望

3岁孩子，认识和思维能力还不够高，难以理解概括性和笼统的表达方式，比如，对于"好好吃饭"这件事，3岁孩子可能就很难理解究竟怎样才算是"好好吃饭"。所以，父母一定要尊重孩子的智商和情商发展状况，尽最大可能地让他了解某一件事的具体内容、意义和可能导致的后果。比如，可以跟孩子讲，"大人有大人的餐椅，你也要乖乖坐在自己的餐凳上""右

手抓勺子，慢慢舀着吃""吃饭的时候就专心吃饭，不能玩儿也不能乱跑，不然面条凉了不高兴，该让你肚子疼了"。

巧妙方式促合作

如果孩子违反规矩，父母该怎么办呢？责骂和妥协是行不通的，那么，父母又该以什么方式化解这种矛盾，并敦促孩子改善行为呢？巧妙地促进合作，无疑是解决问题的良方。用一个实例来说明具体操作方式。当孩子在开开心心地游戏之后，收拾玩具时却说自己困了累了不想动了，提出"这次妈妈收，下次宝宝收"的要求时。这个时候，父母一是不能训斥，因为他此时确实有些疲倦，需要父母表达关怀；二是不能妥协，因为一次妥协，很可能就会让他将撒娇当作不遵守规矩的利器。此时父母可以学学幼儿园老师的办法，比如，培养孩子养成一听到固定音乐就要开始收拾玩具的习惯；或者，可以用比赛的方法，和孩子比比看谁能收拾得又快又好，这样，在孩子乐于合作之后，规矩也就能被很好地遵守了。

细心观察，及时表扬

在儿童教育中，肯定、表扬和鼓励是促进儿童发展的绝佳手段，在培养孩子守规矩这件事上同样也不例外。在不使孩子骄傲的前提下，父母还是要多夸奖和鼓励孩子，以强化孩子好的行为。此外，这些肯定和希冀的话语也许还会成为孩子自我管理、自我进步的目标和原动力。

第二章

爱他，就要了解他：

与3岁孩子相处的技巧

孩子进入3岁之后，对于自家那个原本乖巧可爱的小开心豆，很多父母都会突然间换了评价："一点儿都不乖""说什么都不听""每天净跟他生气了"……其实，只要懂一些与3岁孩子相处的技巧，你就会发现，这个难缠的小家伙并非不可驯服，甚至还可以与他和平相处。

爸爸的困惑：为什么我不像他妈妈那样讨他喜欢

平时对孩子教育严格的爸爸常在私下里谈到自己的孩子，这些"可怜"的爸爸常会不约而同地发出这样的感叹："为什么我不像他妈妈那样讨他喜欢？"也许，这些爸爸该从自己身上找一找原因。你的孩子可能更喜欢被温柔地对待，而温柔的妈妈正是他所需要的；再加上孩子对婴儿时代还怀着很深的眷恋，所以他更喜欢妈妈，而轻易不愿意接近外表严肃的爸爸。

通常来说，"严肃"这个词在绝大多数情况下是用来形容爸爸的，这在如今的家庭中非常普遍。我们知道，3 岁孩子已经开始学会选择相处对象了，而严肃的成年人很难获得孩子的青睐。因此，当孩子不是很喜欢你时，你应该考虑问题出在哪儿。

有人说过：一个好爸爸胜过一百个教师。爸爸在家庭中担当了很重要的角色，但是现实中，大多数父亲只在孩子 3 岁之前是与其温柔相处的。孩子一两岁的时候，父亲也更像是个孩子，会和自己的孩子无拘无束地一起玩耍。

可是孩子到了 3 岁时，在爸爸的眼里他被视为大孩子了，有的爸爸希望孩子对自己要有敬畏心，尤其对男孩子要求越来越严格。尽管很多爸爸此时还能和孩子玩儿在一起，但是有的时候会喧宾夺主。

比如，当看到孩子怎么也不能把游戏拼图拼对时，他会自告奋勇地说："你这样怎么行，让爸爸来吧！"当他拿着自己的成果向孩子炫耀时，也剥夺了孩子自身的成就感和满足感。此时的孩子对爸爸多了一些敬畏，而不是好感。因此，只要爸爸能尊重孩子的感情，和孩子建立亲密的、平等的、建设性的亲子关系，相信也能像妈妈那样得到孩子的喜欢。

你不仅要做一个温柔的爸爸，还要做一个会玩儿的爸爸。玩儿是孩子的天性，孩子会在玩耍中获得成功经验和满足感。作为爸爸应该放下架子，和孩子一起玩儿，一起乐，一起"疯"，能进入孩子的想象空间，与他一起在游戏里陶醉。比如，可以陪孩子玩儿遥控车，一起做手工，一起搭积木……在这些活动中，作为爸爸要不断地调整自己的心态，培养自己的兴趣，但不要一味地迁就孩子，而是要同孩子一起享受玩儿的乐趣。如果是无奈地陪孩子玩儿，只会让孩子觉得无趣。

此外，爸爸还应该是个可以依赖的人。当孩子抗拒医生打针或有凶猛的大狗要接近他时，爸爸应该及时地出现在孩子身边，要比妈妈更能给孩子安全感。

做个快乐的妈妈，信赖关系帮孩子度过特殊时期

家庭是社会的细胞，家庭的好坏不仅影响到每个家庭成员的身心状态，也关系到社会的安定和发展。特别是在中国"男主外，女主内"的传统模式里面，妈妈与孩子的接触，妈妈对家庭的直接关注和付出，对整个家庭，对孩子一生的教育起到至关重要的作用。

从十月怀胎开始，妈妈的情绪、作息和饮食习惯都深深影响着胎儿各个方面的发展。孩子呱呱坠地之后，感受着妈妈的体温和脉搏，接受着妈妈的拥抱和亲吻，妈妈带给孩子的无限快乐与安全感，对他的性格和心理的成长，有着至关重要的影响。

在中国目前的家庭结构中，妈妈不仅对孩子的成长发育有影响，对孩子教育的影响也很突出。孩子的语言、认知、性格、行为习惯等方面，无一不体现着妈妈的影响力。所以，妈妈既是孩子行为习惯的榜样，也是孩子行为的监督人。

孩子的成长离不开妈妈，她滋养着孩子，安抚着孩子的心灵和灵魂。一个充满快乐、对孩子充分信任的妈妈，可以给孩子充足的安全感和信任感，能够帮助孩子克服内心的恐惧、不安和焦虑。

在中国社会，无论是老师还是父母，常犯的一个错误就是说教。而妈妈本来就心思细腻，陪伴孩子的时间又更长，所以更容易事无巨细地对孩子的生活和精神进行指导。但说教的后果只能有两种：一是孩子在过度管理中失去对母亲的认可，变得叛逆；二是记住了母亲的说教，同时也失去了自己的判断力。代替孩子进行思考，然后再将结论教给孩子的做法永远不可能让他探索到人生的真谛。俗话说，"授之以鱼不如授之以渔"，妈妈一方面要让孩子知道问题的解决方式并不是绝对的，要从多个方面看待和解决问题；另一方面，要培养孩子的思考、学习和解决问题的能力。这才是教育的本质。

创新工场的创始人李开复博士说过："严管中长大的孩子，无法独立；施压中长大的孩子，常常忧虑；信赖中长大的孩子，信人信己；放权中长大的孩子，深具责任。"在过多规则框架下成长起来的孩子，会变得胆小、保守和被动，而我们希望培育的孩子，恰恰是乐观、自信、充满快乐的。所以，相较父亲而言，陪伴孩子更多的母亲，就要充分信赖孩子，对孩子放权。

妈妈每天跟孩子待在一起，但未必知道孩子想要什么，而如果只是根据自己的判断帮孩子做决定，会淹没孩子的声音，使其对生活失去兴趣，从而失去自信，也会造成他日后责任心的缺失。现在很多孩子都有心理问题，有的甚至严重到抑郁、自杀，导致这些后果的原因很多都是来自父母的巨大压力，在这些方面，妈妈们要特别注意。

要想成为一个能够给孩子传递快乐，并给予孩子充分信任的妈妈，妈妈就首先需要成为一个真正快乐的人。自身处于快乐的状态，孩子才能由衷地感受到来自妈妈的幸福感。所以，妈妈首先要学会爱自己，适当地给自己放个假，安排好自己的生活，保持自己的好形象和好心情。其次，妈妈要摒弃完美主义，学会容忍生活中的那些不完美。你白天要上班，回家要带孩子，好不容易把捣蛋鬼哄睡着，你还得洗孩子沾满油汤污渍的衣服，收拾到处散落的玩具，准备明天的早餐，可能还得去做白天没有干完的工作……很烦吧？但与孩子的快乐笑容比起来，这些又算得了什么呢？你可以把衣服留到明天再洗，把玩具往玩具柜里随便收收就好，你的精力毕竟有限，没必要样样都得做到最好。这样，你就能保持好的心情，从而为家人构建一个宽容而温馨的环境。

3岁孩子的需求：伙伴、自由和更多的爱

伙伴

有的父母不想让自己的孩子孤独，就会想尽各种办法，费尽苦心为孩子买来各种玩具，可事实上对于3岁的孩子来说，有时玩具已经没有很大的吸引力了。因为这时孩子的独立性已经大大增强了，他变得更喜欢和小朋友在一起玩儿。

对3岁孩子来讲，最高兴的事莫过于同小伙伴一起玩儿，小伙伴要比玩具更重要。一个3岁半的小男孩有满满两柜子的玩具，可他却说："儿童节的心愿是想好好和小伙伴玩儿。"因此，父母要做的事情不是给孩子买各种各样的玩具，而是给孩子找到可以玩儿到一起的小伙伴。只要有伙伴，即使

是一张纸片也能变成他们的玩具。

与小伙伴在一起时，孩子可以体验到有别于与父母及其他成人之间的人际关系。在同小伙伴一起游戏的过程中，孩子的知识、想象力和各种社会能力都得到较充分的发展。这种在小伙伴帮助下的自主活动能使孩子认识到自我的存在。在这段时间里，父母应为孩子创造众多同小伙伴接触的机会，这对孩子的心理发展是非常重要的。

自由

3岁孩子已经变得很独立了，能做很多事情。这时他们开始主动探索周围的事物，产生了自主意识，很多事情都想自己动手。

这时的孩子不喜欢被父母或老师干涉，渴望自己选择不同的事物和行动。这种自由选择，使我们能看到他们的心理需求和倾向。只要有机会，他们就会选择一些自己偏爱的东西，哪怕只是一把小尺子，他们也会玩儿得不亦乐乎。

吉吉是一个3岁的孩子，妈妈总是买许多机器人玩具给他，但其实吉吉感兴趣的是积木，而妈妈却认为积木太死板，不适合男孩子玩儿。结果吉吉面对一大堆小机器人总是只有三分钟热情，还时不时地发呆，一句话都不说。

看着吉吉整天闷闷不乐的样子，妈妈便来请教亲子教育专家。专家建议妈妈让吉吉按照自己的心愿去做事或者玩耍。没过多久，妈妈发现吉吉比原来机灵、活泼多了，而且吉吉像变魔术一样，手中的积木总是能变出各种各样超出妈妈想象的东西。

孩子一出生时，就具备了探索周围世界的潜能，他对所有细小的事物感兴趣，充满好奇心。当孩子迸发出学习的热情时，他不仅对秩序感、重复训练非常着迷，而且还有一种自由选择的需求。

有些孩子在家里对一切事情都没有做主的权利，一切都是父母说了算。由于处处受到限制，他们便再没有自己动手的机会，也就没有了证明自己能力的机会。这不仅会削弱孩子的自主性，对建立孩子的自信心也是不利的。因此父母应该给予孩子充分认知的自由和充分发展潜力的自由。有了这种自由，孩子才能够最大限度地探索事物的规律，才能够去认知和理解周围世界。

让孩子自由地做一些选择，是培养他形成乐观性格的一个重要方面。父母要注意多给予孩子机会。比如，让孩子自己选择衣服的颜色、玩具的种类，等等；给孩子提供自由活动的空间，尽量减少家庭环境中的危险设备，同时教育孩子如何规避危险。

3 岁孩子尤其喜欢猎奇，他们看到某些新奇的东西总要摸一摸，或者摔一摔，想看看内部构造。这时不要责骂孩子，父母要先对孩子做出这种行为的目的进行询问，了解孩子的动机、想法，给孩子提供相应的帮助和支持。

父母应该意识到不可轻易去干涉孩子的选择，不要总是以为自己的安排就是对的，孩子对自己感兴趣的事情会不厌其烦地花费精力去做。如果强行给孩子不喜欢的东西，那只能给他增加精神负担，他却得不到快乐。

当然，让孩子自由选择，并不意味着他可以做任何自己想做的事情，而是引导他选择做正确的事情。

更多的爱

3 岁是孩子性格形成的关键期，他既具备了独立意识，又有了自己的情感需求，需要父母的关爱和保护，并容易被父母的态度影响。如果父母总是充满爱心地去关注和呵护自己的孩子，孩子长大后常会变得比较活泼，反之，那些童年时缺少爱的孩子在成年后往往会变得孤独与自闭。

心理学上有一个非常精彩的比喻：孩子的这颗心，在刚来到这个世界上时，如同一个空的容器，需要用爱和认同装满，它才会强健，才能抵御外界的风风雨雨，并敢于向外界敞开。否则，任何一点儿风吹草动都会让他把自己的心关闭起来。所以，这个时候父母的任务就是要给孩子足够的爱，父母的关爱是送给孩子最好的礼物。

父母和孩子在一起的时候一定要愉快地互动，可以给孩子讲故事、讲笑话，或者听他说故事，尽管他还不能完全表达准确，但这时也不能吝惜你的赞赏。此外，这种关爱还意味着你要尊重孩子，不能因为一点儿小事而过分苛求他，更不能随意斥责他。相反，父母的尊重和优雅的风度都会让孩子更开心地成长。

孩子需要父母的爱，只有被关爱和接纳，孩子才会有安全感与价值感。父母在关爱孩子时，除了使孩子体验到被爱的满足感之外，也要使孩子知道自己因为什么而被爱，从而学到是非善恶观念。一定要把你的爱表达得更具体、更细化，比如，做一个喜爱的表情，给孩子一个真诚的拥抱，为孩子取得某些成就而感到高兴。还有，当孩子受到伤害或者感到害怕时，父母更要对他表现出关心、安慰……这些都有利于孩子更好地成长。

在孩子的教养过程中，鼓励的重要性要远远大过其他方面，因为缺乏鼓励是造成孩子行为偏差的基本原因。所以说，有偏差行为的孩子也是一个受挫折的孩子。每个小孩子都需要不断地去鼓励，就好像花儿需要水一样。如果没有足够的鼓励，你的孩子将无法健康地成长和发展，也无法获得归属感。当然，鼓励是一个持续的过程，它强调给予孩子一种自我尊重和成就感。

情感的建立会形成一种无声的教育动力，情感沟通过程也是相互影响、相互作用的过程。父母的心里有了孩子，孩子就愿意和父母在一起，就会产生亲切感。这是一种非常好的良性互动。

技巧1：保证你有大量时间陪孩子

某著名周刊曾做过一项调查，他们请一些大企业退休的CEO填写一份问卷。问卷中有这样一个问题：如果人生可以重来，你认为什么是你绝对不能错过的？其中很多人对这个问题都有相同的回答：一定不放弃陪伴孩子一起成长。

随着社会的发展越来越快，很多的父母在追求事业发展的同时，牺牲了自己更多的生活时间，他们无暇顾及孩子，更别说给孩子更多的爱了。当这些父母终于有一天想好好关心孩子的时候，发现竟然无法与孩子进行沟通。多赚些钱，给孩子提供丰富的物质条件，这本无可厚非，但是以牺牲与孩子的情感交流为代价又是不值得的。多花一些时间陪陪孩子，参与孩子的成长过程才是给孩子最好的礼物。

如果没有什么特殊情况，最好多和你的孩子在一起。父母是孩子的第一导师，是孩子智力和创造力开发的启蒙者，父母给孩子带来的欢乐是任何人都无法替代的。

在幼儿时期，当孩子有问题需要解答，有困难需要帮助，或者感到孤独时，他最需要父母的关爱。实际上，孩子对父母并没有太过分的要求，只是想让父母多陪他一会儿……这个要求合理且正常，也不会耽误太多的时间。只要能用几分钟的时间来分享他的快乐，或陪他玩儿一会儿，就能满足他的需求，也能让你从忙碌的事务中解脱出来，放松一下。

让孩子觉得自己很重要，并且能让他融入生活的最好方式，就是让孩子参与一家人的共同活动。大部分的孩子特别是在他们3岁刚懂事时，会希望自己成为与父母日常活动相关的一部分。当父母做一些家务时，让孩子适当地参与进来吧！尽管他有时可能会把事情搞砸，但是还有什么比他从中获得快乐更重要的呢？

那些自认为很忙碌的父母，请试着把你的工作和家庭生活分开来。即使回到家里想再工作，但等了你一天的孩子也会时不时地来"打扰"你一下，你是无法全身心投入工作的，这时为什么不来关注一下你的孩子呢？如果你此时还是硬着头皮把孩子晾在一边，孩子会感到非常沮丧。因此，每次下班前，一定要尽量高效地完成当天的工作，晚上回到家里，就不要再打开你的公文包。

有一位聪明的日本爸爸是这样来解决这个问题的：在备忘录上，他把与孩子相处的时间永远排在最优先的位置，把家庭时间也排在工作日志上，就好像安排自己的工作例会一样。

陪伴你的孩子，不仅仅是与孩子待在一起那么简单，更要主动与孩子进行沟通，让孩子感觉到大人是在用心地陪伴着他，而不是"人在心不在"。家长陪伴孩子，关键不是次数多少、时间长短的问题，而是陪伴的质量。即使你只和孩子待在一起几分钟，但只要专心致志，也能让孩子感觉到你对他的真实情感和关爱。

技巧2：用适合孩子的方式去了解孩子、关爱孩子

如果你总把自己的意愿强加给孩子，是很难和他长久地和谐相处的。对于你的孩子来说，用适合他的方式去了解他、关爱他，才是他最需要的。

孩子是一本无字书，父母也一样，而且是一本更厚、内容更丰富的书，两代人需要相互阅读、相互理解，由此才能平等地相处。

选择适合孩子的方式去爱孩子是对孩子最好的尊重。情感的发展是互动的，父母了解孩子、尊重孩子，反过来孩子就会尊重父母。有人说过，没有尊重就没有教育。这句话是非常有道理的。

尊重是建立和谐亲子关系的基石。苏联著名教育家苏霍姆林斯基说：

"儿童的自尊心是最敏感的，我们要像保护荷叶上的露珠一样珍视它。"可是，很多家长会无意间伤害自己的孩子，他们常常这样自以为是地对孩子说："我这么做是关心你，你难道不知道吗？" "为什么我说什么，你都不听呢？"想想你的那些自以为是的做法，怎么能让亲子关系保持和谐呢？父母事事干涉孩子，孩子就永远不能长大。

孩子也有自己的想法，尽管3岁孩子在父母眼中还很小，但他已经有了独立的意识，你应该给孩子更多的选择自由，而不是过多地干涉他的选择。

3岁孩子对周围的一切都感觉很新鲜，也很乐于探索。父母应该让孩子自由发展，而不是给孩子太多的限制。在不伤害自己、不伤害别人的前提下，孩子应该获得更多的自由空间，父母应该让孩子按自己的方式去玩耍。

当然，这个自由的空间也是相对的，因为你的孩子现在还不知道哪些是安全的，哪些是危险的。你要想办法让孩子辨别哪些事能做，哪些事不能做，以及这样要求他的原因。

当孩子做一件事时，父母尽量把选择的权利交给他，让他自己做决定。你可以对孩子说："这是你自己的事，你应该自己来拿主意。"比如，天气变冷了，你不应只顾给孩子添加衣服，可以先问问孩子："今天天气很冷，你觉得应该穿什么衣服呢？"如此坚持下去，孩子就会开动自己的小脑袋，增强自我决定的意识。

技巧3：接纳孩子的感受

当孩子发脾气哭闹的时候，很多家长会大声吼道："不准再哭！" "你看你现在的样子，简直难看死了！"或者以抛弃相威胁："如果你再哭，我就不要你了！"父母这样做，虽然可能会使孩子即刻停止哭闹，但同时，一种不被理解和接纳的负面情绪，会连同刚才没有得到疏导的情绪一同积压在孩子的心里。

如果父母想获得孩子的理解并让他感受到自己的爱，那么就必须接纳他的情绪，包括负面情绪。3岁孩子的年纪尚小，父母实在无法要求他自己独立解决情绪问题，所以对于孩子的情绪和感受，父母应该无条件地接纳与包容。这也是父母和孩子融洽相处的有效武器。

成人和孩子是很不相同的个体，不能用成人的感受代替孩子的感受。孩子的任何感受都应该是被接纳的，但某些不恰当行为必须予以纠正，否则就变成了溺爱。只有孩子感觉到自己被接纳了，他才能集中精力改变自己的情绪。

帮助孩子管理情绪有以下五种技巧：

（1）你需要全神贯注地倾听孩子说话，而不是敷衍地似听非听；

（2）你要用语言或者动作来回应孩子的感受，而不是对他进行提问和建议；

（3）你要体会并说出孩子的感受，而不是否定孩子的感受；

（4）你可以用各种方法试图帮孩子实现愿望，而不是给他一些逻辑上合理的解释。

（5）有时候孩子不开心而且根本不想说话，此时你陪在他身边就可以了。

你接纳孩子的情绪，并不意味着就赞同孩子的情绪或看法，而是先接纳，再想办法改变。接纳了孩子的情绪，他就会喜欢你、信任你，从而愿意听从你的建议或看法。

也许孩子不小心打翻了饭碗，这时他可能会变得很懊恼，此时父母可以对孩子这样说："还好，你只是把饭撒在桌子上了！""要是吹口气能复原就好了……"以此来接纳孩子的懊恼情绪。孩子听了父母的话，懊丧、紧张的心情马上便会好转。这时，再告诉孩子做事情的时候要小心，他自然很快就能认同父母的观点。

认真接纳孩子的感受是父母与孩子建立良好沟通的开始。只有做到接纳孩子的各种情绪，孩子才能从你这里得到所需要的支持和信任，内心才会觉得安全和温暖。

技巧4：允许孩子发点儿小脾气

孩子从1岁起，就会用发脾气的方式来表达自己的独立愿望和反抗意识了，到了3岁左右，孩子还是会发脾气。虽然他长大一些了，但当他生气、伤心时，还是会同一两岁时一样有情绪冲动。

为什么会这样呢？因为3岁孩子已经开始萌发了自我意识，开始意识到自己具有影响周围人和环境的力量，他希望自己的行为不受外界的干涉，但又希望得到周围人的认同，如果得不到认同，他就会用自己的小脾气来"反抗"。

此外，3岁孩子只不过刚刚具备了一些初步的、简单的生活知识和生活经验，对于周围发生的形形色色的事情还不能很好地理解，他想要独立，却又做不好。在这种情况下，他也会因为达不到目的而发脾气。

当你的孩子发脾气时，你最好让他适当地发泄，一定不要采取强硬态度。如果采取打骂的方式对待孩子，对于脾气大的孩子来说无异于火上浇油，而对于胆小的孩子来说，则会让他变得更加胆小怕事。

在应对3岁孩子因为某些目的没有达到（比如，想要吃更多的糖果，跑到危险场所去玩儿等）而发脾气时，千万不要对孩子妥协，否则会留下隐患。以后，他就能摸透大人的心理，掌握一套规律：只要先撒娇，再纠缠，最后向大人发一通脾气闹一番，什么目的都能达到。比如，如果孩子因为不想收拾玩具而大声尖叫，你就随他去了；他因为不能在付款之前吃到超市里的糖果而拳打脚踢，而你想让他安静，"就这一次"对他妥协了……然而，你的这些让步是在告诉孩子，尖叫是个不错的方法，所有的规矩都可以通过发脾气来改变。你大概并不希望他这么想吧？

孩子年纪小，自制力差，一般情况下脾气来得快，去得也快，因此，在孩子发脾气的时候，你要带他换个环境，转移他的注意力。只要度过"怒气冲天"的那一瞬间，孩子的情绪自然就会逐渐平息。

技巧5：请蹲下来和3岁孩子沟通

请想象这样一个场景：你的3岁孩子将玩具弄得满地都是，你想要孩子自己将玩具整理好。此时如果你一手叉着腰，一手指着地上的玩具，不耐烦地对孩子说："你快点儿把这些玩具收起来，你看看家里都乱成什么样了！"你的孩子会是什么反应呢？有的孩子可能会表现为害怕，觉得自己好像犯了错，不知所措，即使孩子听从了你的命令，心里也会感到委屈，不愿意；而有的孩子可能会更加逆反，因为你居高临下的姿态给孩子造成一种强势的感觉，孩子根本不喜欢你的这种带有一定强制性、命令性的教导方式。

如果父母换一种方式与孩子沟通，效果又会如何呢？首先，父母蹲下来，和孩子保持平视，孩子就不会感到有一种被威胁的感觉了。其次，父母一边说"宝宝，我们一起把玩具收好，让家里变得更整洁，好不好"，一边捡起一件玩具放进盒子里。你的孩子看到你这么做了，他也会跟着模仿你的动作，把玩具放进盒子里。

澳大利亚的很多父母都有蹲下来和孩子说话的习惯。有这样一个来自澳大利亚的家庭，父母带着一对可爱的儿女去公园玩儿，因为他们在分配玩具时出了一点儿小小的意外，所以3岁的儿子总是抢姐姐的玩具。于是，父亲蹲了下来，双手握住儿子的双手，诚恳地说道："亲爱的，这个布娃娃是姐姐的，你不要拿姐姐的玩具好不好？"儿子看着爸爸充满期望和鼓励的眼神，乖乖地点了点头，然后主动将玩具还给姐姐。

越是平等民主的家庭，教育出来的孩子就越开朗，越自信。如果父母都不尊重自己的孩子，又怎么能期待孩子成为一个自尊自爱的人呢？

如果你总是站着面对孩子，你与孩子之间就不仅仅是存在身高上的距离，还有两代人之间不可逾越的距离，是两颗心之间不能沟通的距离。蹲下来，从与孩子平等的高度体会孩子的心情。当你从孩子的高度看待某些问题时，你的想法也许会改变，并会同意孩子的想法，满足他的需求。

当孩子做错事情时，蹲下来询问事情的来龙去脉，坦诚相待，帮助孩子认真对待自己的问题或缺点，改正错误。当孩子遇到困难时，蹲下来和孩子一起讨论解决的方法。这样孩子就能更清楚地感受到父母对自己的关爱、支持和信任，从而增强面对困难的勇气。当孩子获得成功时，蹲下来摸摸他的小脸，对他竖起大拇指，说句表扬的话："宝贝，这件事你做得太好了！"孩子从父母的目光和话语中得到肯定与鼓励，以后会做得更好。

父母和孩子交流时，不仅身体要蹲下来，心灵也应该"蹲下来"，将自己的心放到和孩子同一高度上。不能只讲求形式，只是身体蹲下来，心理上却还抱持着父母的权威和优势。只有身体和心灵同时"蹲下来"，孩子才会感受到父母的诚意，愿意将自己的快乐和困惑与父母进行交流。

技巧6：延迟满足孩子的需要

3岁孩子对一切有诱惑力的物品是不是都有着深深的渴望？他们几乎见到什么就想要什么，拥有了一个还想拥有另一个，他们的欲望似乎是个无底洞。这让很多父母为之头疼。该怎么办呢？最聪明的做法就是延迟满足孩子的要求。

比如，孩子刚喝过一杯牛奶，又想要吃一支冰激凌。你可以尝试着这样说："宝宝，喝完奶你的小肚子已经装得够满了，再吃冰激凌你的小肚子就会装不下。我们可以把冰激凌留到明天再吃，好不好啊？"给你的孩子一个更好的选择，但是需要一些时间来等待。

一般来说，对孩子进行延迟满足训练最好在3岁以后，因为3岁以前是建立孩子对身边养育者的信任和亲密感的关键时期，这时故意延迟，孩子可能会觉得你不爱他了。对这个阶段的孩子来说，延迟的次数多了，不良感受的影响不亚于心理创伤。

对3岁孩子来说，延迟满足会给他们带来什么样的好处呢？我们先来看这样一项实验：

20世纪60年代，美国斯坦福大学心理学教授沃尔特·米歇尔对斯坦福大学幼儿园的孩子们进行了著名的糖果实验——延迟满足实验。那些三四岁的孩子面临着两种选择：等实验人员回来，你可以得到更多的糖果；如果你不愿意等，只能拿一块，但可以立刻拿到。十几年后，研究者发现，那些耐心等待的儿童中学毕业后，在社会适应、自信度、处理人际关系、应对挫折、积极迎接挑战、不轻言放弃等方面，远远强于那些不能等待的儿童。

延迟满足训练能够让你的孩子懂得，并不是每一样好东西他都一定可以拥有，即使要拥有，也不是马上就能拥有。同时，还要锻炼孩子的忍耐力，让孩子明白每个愿望要达成都不是很容易的，通常要经历一些等待和挫折。

一般来说，孩子到了3岁，有些简单的道理他都明白了。在进行延迟满足时，可以把时间放得长一些，比如一周的时间或直等到他的生日那天。在等待的过程中，你的孩子也会体验到等待愿望实现的美好感觉；当愿望得到满足时，他会感到特别幸福和愉悦，对得到的礼物也会倍加珍惜。

对于3岁以后的孩子，进行延迟满足训练时需要确定一个界限。因为延迟满足的核心是让孩子通过等待来获得更大的利益，如果孩子能实现的愿望完全没有界限，则难免会强化孩子的自我中心感，这时的他基本上就没有了自我控制能力。对这样的孩子进行延迟满足训练，并不会取得理想的效果，因此一定要确定一个界限。

在确定界限时，你一定要从具体的小事入手，越具体越好。这种"小事"不是让孩子特别关注的事情，却是孩子一定能做到的事情。如果你要规定孩子喝饮料的界限，可能很难取得成功，因为在饮料面前没有几个孩子能控制住自己，但你可以要求他在吃饭前必须洗手，孩子会很容易做到。当然，在执行满足界限时也要有个缓冲，让孩子有一个适应的过程。

延迟满足只限于物质上的需求，对于情感需求，你还是要多抱抱、多亲亲孩子，让孩子感受到你是非常爱他的。不是所有的事情都要延迟满足，你要对孩子提出的要求加以判断，决定哪个能马上满足，哪个需要再等等，哪个根本就不能满足。总之，凡事不能一概而论，需要父母灵活判断和运用。

第三章

正面管教技巧一：
立规矩的7个原则和技巧

3岁的孩子在一天天长大，他们需要理解周围世界的规则，需要顺应社会的期待，需要学会如何与人相处，需要了解行为举止的原则和所必须遵循的度，只有这样，他们才能摒弃鲁莽和任性，成长为真正的社会人。这就是规距在一个人成长过程中的重要性。

任性：孩子为什么会我行我素

很多家长都有这样的体会：自己家的宝宝原本乖巧听话，但是，父母在某一天突然发现，他的性情似乎起了变化，他不仅不再是过去那个"小乖乖"，甚至还变成了犟死牛的"小怪人"，如果被拒绝，就更是不停哭闹，搞得全家不宁。

案例1

每天放学，妮妮都要求去小区里玩儿一会儿。可是最近，她在外面玩耍的时间越来越长，妈妈反复催促都不愿回家，如果妈妈表现出生气的样子，非要带她回去，她就很生气，还会大声哭闹。

案例2

放学路上，珍珍要求吃冰激凌，妈妈说冰激凌太凉了，小朋友冬天不能吃，只能夏天吃。珍珍小脑袋摇得像拨浪鼓，大声嚷道："不行！要吃！幼儿园小朋友可以吃，我也要吃！"之后，不管妈妈说什么，珍珍都捂着耳朵说："不听，不听！"最后妈妈只好买了蛋糕，她的情绪才稳定下来。

在一个人的成长过程中，3岁是一个非常重要的分水岭。3岁之前，孩子无论在身体还是意识上，都主要依附于大人，所以一般都表现得温顺听话，较少与大人对抗。而在3岁之后，随着孩子自我意识的萌芽和持续发展，他们对很多事情都有了自己的想法，因此，便对父母的安排和大人世界的规则表现得不屑一顾，并坚持按照自己的意志行事，显得任性妄为，做事我行我素，这是孩子在成长发育过程中的正常表现。

当然，除了孩子成长过程中所必须经历的"反叛"之外，他们的我行我素，还与自身性格及父母的教养方式有着非常密切的关系。

如果孩子本身性格冲动、自制力差的话，父母一旦在生活中对他们表现出不耐烦，或者以训斥甚至打骂的方式应对他们的不合理要求，这类孩子就会以逆反行为对抗父母。

如果父母本身缺乏耐心，一旦遇到孩子不听话、为所欲为的情况，懒得耗费精力和时间去劝导，或者本着"孩子现在还小不懂事，长大自然会变好"的想法姑息其行为，或者火气上涌时直接训斥甚至体罚，都会强化孩子的这种不良行为。放纵会使孩子将偶尔为之的坏行为变成行为习惯，以暴制暴则会引起孩子的反抗，"种瓜得瓜，种豆得豆"，假如父母在孩子尚小的时候不尽责教导而是放纵或压制，就不要期待孩子将来能主动变好。

隔代教育，也是导致孩子我行我素，甚至无法无天的一个重要原因。在中国目前的很多家庭结构中，父母多要外出工作，在孩子进入幼儿园之前，养育幼儿的任务就多半落到祖父母或外祖父母身上。俗话说，"隔辈亲，亲上亲"，祖辈们本就溺爱孩子，再加上出于各种考虑不敢严加管教，于是，祖辈们的爱便成为孩子任性的温床。

在深入了解了孩子任性的原因之后，父母又该如何应对呢？

1. 大人要先理解和包容孩子的需求

在任何关系中，理解都是沟通的前提，父母和孩子也不例外。父母只有尊重孩子的独立人格，不以自己的人生观、价值观和情感好恶去要求孩子，并以理解孩子的姿态与他们互动，才有可能与孩子实现良好沟通。像案例2中的吃冰激凌事情，珍珍的哭闹未必就是不听话，主要是她喜欢和大人对着干。请你试想一下，对于一个刚上幼儿园的小朋友来说，她如何能抵制得住冰激凌的诱惑？你说的那些会生病、会肚子痛的可能后果，难以与冰激凌的诱惑力相抗衡。在这种情况下，与其不断地拒绝孩子，导致她哭闹甚至愤怒，倒不如设身处地地为孩子着想，循序渐进地引导她。"妈妈也知道冰激凌好吃，可是你想想啊，外面那么冷，感觉肚子都要冻成冰块儿了，那要是吃进肚子一个冰疙瘩，是不是更冷了呢？其实，蛋糕跟冰激凌都是甜甜的，奶香浓浓的，但蛋糕不凉啊，既然味道都差不多，我们今天不如来吃蛋糕吧。"孩子听到这样的话，慢慢就会听从你的建议。

2. 不要剥夺孩子经历失败的权利

孩子既然想主导自己的人生，那么，父母就大可放手给他们一些锻炼的机会，比如，穿衣服、系鞋带、叠被子，甚至自己盛饭、给大人夹菜，等等。虽然他们在很多时候都会因为不得要领，将一切搞得一团糟，但家长也应该耐心鼓励、帮助，千万不要因为太费时间或者怕孩子受到伤害就全部包办。因为只有摔倒过，他们下次才不会再在这个地方摔倒。孩子在成长中需要走一些弯路，多一些体会和经验，他们以后的路才会越走越宽，越走越顺。

3. 正确应对孩子的情绪

当孩子犯起犟劲儿或者因为要求无法实现闹起情绪时，父母特别是祖父母，千万不要表现得过于紧张。你只有漫不经心，才能不让他把哭闹当成达到目的的手段，没了这样的"利器"，孩子才会有意识地控制自己不合理的欲望。比如，当孩子因为没有得到想要的东西而在超市货架前哭闹，甚至赖在地上不肯走时，如果父母因为感到"丢人"而变得焦躁，甚至以"只要你起来，什么都好说"之类的话与孩子讨价还价，便恰恰中了小机灵鬼的"圈套"。有了这一次的"成功经验"，下一次，他势必还会继续使用同样的手段逼大人就范，第三次，他还是乐此不疲。但是，如果你对孩子在公共场合撒泼耍赖根本不予理会，更不会轻易满足他的无理要求时，孩子自然就会放弃这种"手段"。

规矩要简单、明确、具体，孩子才会愿意照着做

孩子在一天天长大，他们需要理解周围世界的规则，需要顺应社会的期待，需要学会如何与人相处，需要了解行为举止的原则和所必须遵循的尺度，只有这样，他们才能摒弃鲁莽和任性，成长为真正的社会人。这就是规则在一个人成长过程中的重要性。

规矩决定了一个人"学习——发现——成长"的全过程。但是，随随便便的"你应该怎么样"或者"你不应该怎么样"，会是指导孩子的有效规矩吗？显然不是。只有能够被孩子听懂、理解和信服的规矩，才会对孩子有约束力和推动力，否则，便会成为打击孩子自信的庞杂条条框框。所以，父母给孩子制定规矩时，以下三个要素是一定要严守的。

要素一：简单

说话者表达能力的强弱，直接影响到倾听者的接受度和对意思的理解程度。如果父母的规矩总是长篇大论、东拉西扯，缺乏逻辑性和条理性，孩子自然无法了解自己究竟应该怎么做、不应该怎么做。

案例：孩子每天回到家里，书包、衣服、鞋袜总是随手一丢，弄得家里乱糟糟的，因此，父母希望孩子回家之后，能把物品摆放在适当的位置。

错误示例：

①"跟你说过多少遍了，每天回来东西不要乱丢，你到底是不听还是不记？"

②"爸爸妈妈工作一天已经很辛苦了，每天回来还得跟在你后面收拾这些乱七八糟的东西，你都快把我们累死了！"

③"你回来到底能不能把东西放到该放的地方，你看看我们家都被你搞得乱死了！"

正确示例：

"宝贝，现在，请把你的书包拿进书房，把脱下来的外套挂到衣柜里，把鞋子放进鞋柜。以后每天回来都要这样，这是小朋友必须遵守的规矩。妈妈会在这儿看着你，听懂了就去吧。"

前后对比：在前三条指令中，父母没有明确这条规矩的核心是放学回家后务必将物品放到合适的地方，而是掺杂了很多孩子不听话、家里乱、父母累的事情，这样的表达方式就会让孩子搞不清楚父母究竟让他收拾东西还是在对他进行指责。正确示例中的指令，则重点突出、表达简单，且明确说明妈妈会从旁监督，孩子自然就听懂了，也愿意去做了。

要素二：明确

在给孩子立规矩时，如果不能明确规定内容、时间和可能出现的后果，孩子就会有极大的变通空间，甚至玩儿了一会儿后，就完全将父母的叮嘱抛诸脑后。

案例： 到了睡觉时间，孩子还是磨磨蹭蹭不愿上床，或者即便上床也滚来滚去不肯睡觉，父母要求他在10点钟准时上床睡觉。

错误示例：

①"快点儿睡觉，别磨蹭了，你看看都几点了！"

②"快点儿上床，别玩儿了，不然妈妈要生气了，你这孩子怎么这么烦人啊！"

③"该睡觉了，都跟你说几遍了，当耳旁风啊！再不睡觉明天你还上不上学？"

正确示例：

"你看，马上就10点了，该睡觉了。我们现在收拾好玩具就上床，你躺好，妈妈给你讲两个故事。老师是不是说过，好好睡觉的小朋友上学才不会迟到？"

前后对比：前三项指令都没有明确指令的内容、实施时间以及可能出现的后果，不仅对孩子没有造成威慑力，而且需要反复催促，更可能激起孩子的逆反行为。而后面的正确指令，则将入睡时间、马上要做的事，以及不按照规矩行事可能出现的后果进行了明确说明，而且妈妈也用讲故事的行为让整个过程变得连续和极具操作性。

要素三：具体

为孩子制定的规矩越具体，实施起来对孩子和父母而言就越容易。因为只有父母将要求传达得具体，孩子才能明确知道自己该做什么、不该做什么，以及怎样做，如果不做会有什么样的后果，如此才能降低父母和孩子之间因为理解程度不同发生争吵的可能性，并增强指令的可操作性，不会让孩子觉得大人每天只是不停地在唠叨。

案例： 父母在早晨很忙碌，希望孩子能自己的事情自己做，别等着大人帮忙，否则等父母帮忙收拾好自己，都不能按时出门。

错误示例：

①"早上起来别磨磨蹭蹭的，赶紧收拾好你自己。"

②"你已经长大了，自己的事情要自己做，只想着爸爸妈妈会帮忙，我们就都得迟到了！"

③"你怎么这么笨啊！鞋子呢？怎么还没穿？书还都在桌子上呢，你能不能快点儿收拾好自己？我们要出门了！"

正确示例：

"我们8点钟出门，现在是7点半，自己去刷牙、洗脸，衣服我已经给你准备好放到床上了，自己穿好，然后把今天要用的东西装进书包，半个小时后我们出发。马上去准备！"

前后对比：对比正确示例，我们不难发现，前三项指令的表达太过笼统，既无法实施，也很难用来对照检查孩子是否按规矩执行，从而成为孩子心目中的"唠叨婆"和"独裁者"。

立下规矩要做到：说一不二，不留余地

正所谓"没有规矩不成方圆"，守规矩，是一个人在社会上立足的基本条件。从小就给孩子制定科学合理的规矩，并要求他严格遵守从而形成良好的规矩意识，能在很大程度上节约孩子的成长成本，使他将来能够成为在心理上和精神上都有尊严的人。

有些父母在面对不守规矩的孩子时，会认为是"有个性"的表现，可是这样的"个性"不仅会损害别人的利益，还可能给孩子甚至父母带来伤害。试想，一个从小在家里不遵守规矩、没有规则意识的人，在学校也肯定不会按照行为规范去行事，工作后也不会遵守规章制度，甚至他也不会遵守社会规范、法律法规。

明确了规矩的重要性之后，我们应该追问究竟是什么样的原因导致我们的孩子不懂得遵守规矩、没有规矩意识呢？

首先，是家中没有规则，或者家庭规则设置不合理。有的家庭本身就没有规则，孩子的所有行为举止都是任性而为，也都能够被大人所允许和认可；还有的家庭，虽然设置了很多规矩，但这些规矩都是家长用来约束自己孩子的，本身存在问题。比如，幼儿园放学后就必须乖乖待在家里，哪里都不许去。可是，别人家的小朋友却不是这样的，于是，这样的"霸王条款"就会让孩子产生厌烦情绪、讨厌被束缚，又何谈按照规则规范自己的行为呢？还有一些家庭里，规矩总是像橡皮筋一样可以随意伸缩，今天父母高兴，规矩就不再是规矩，要是不高兴，所有的条款就必须严格遵守，没有一点儿回旋的余地。这种随心情随意变幻的规矩，又怎么能"以理服人"呢？

其次，家长不遵守规矩，缺乏规则意识。父母是孩子的老师，孩子是父母的镜子，如果父母自己就不懂得守规矩，孩子受到长期的耳濡目染，自然就会对规矩心生淡漠。还有一些家长，在规矩面前区别化对待，比如，要求孩子必须专心吃饭，不能一边吃饭一边看电视，自己在吃饭的时候却在一旁玩手机，这便不能让孩子对父母和规则产生信服。

最后，规矩是对自由和空间提出的相对限制与约束，是一种良好的秩序和规范，因此，对于已经制定的规矩，无论什么时间、地点，父母都要要求孩子严格遵守。比如，规定不许随地吐痰，那么，到外边也绝对不能随地吐痰，不能在家一套标准，出去就是另一套标准，让孩子无所适从。而且，父母在监督孩子的同时，也要以身作则，严格规范自己的行为。比如，要求孩子好好吃饭，父母在餐桌上就要举止规范，不挑食、不剩饭；要求孩子文明懂礼，父母在日常生活中就要对包括孩子在内的所有人举止有礼，说话客气。要让孩子明白，那些涉及自身安全、他人利益和社会公序良俗的规则就是铁律，谁都不能轻易打破。

即便父母严格自律，也对孩子进行了深切的引导和严格的监督，还是会遇到孩子不遵守规矩的情况，这时，就需要进一步加强对孩子的引导，或者强化对孩子的训练，帮助孩子实现从他律到自律。比如，孩子在幼儿园总是坐不住，注意力不集中，家长便可以配合老师，每天晚饭后要求他静静地坐上10分钟，练习如何集中注意力。要提醒父母的是，虽然这样的强化训练是非常必要的，但在执行过程中必须遵循一定的限度，不能过度，同时，还要注意将实践与说理引导相结合，让孩子明白这样做是为他好，孩子才能慢慢改正。

不过，家庭并不是军营，在这个以爱为基础构建的共同体中，有必须遵守的铁律，就有充满爱意的"偶然例外"。比如，周末的时候，孩子要求吃一顿平时不让吃的炸鸡腿之类的油炸食品，或者想要多看一会儿电视，晚睡一个小时等，父母完全不必过度紧张，要知道，孩子也需要释放压力，他们也不至于因为一次偶尔的放纵就养成坏习惯，相反，这样的放松，反倒可以促进他们更好地遵守规矩。

选择相信：表达你对孩子的信任

陶行知先生曾经说过：教育孩子的全部秘密在于相信孩子和理解孩子。和大人一样，每个孩子心灵深处最强烈的渴望，就是得到赏识和肯定，父母要始终给予孩子前进的信心和力量，哪怕只是一次不经意的理解和肯定，也许在孩子那里就能够产生意想不到的力量。在亲子关系中，信任一定会减少教育成本，甚至还能造就奇迹。

妈妈说，小孩子要懂得心疼大人的辛劳，于是和天天约定，每天饭后，由天天收拾餐桌，天天欣然答应。

试着实行了几天，天天表现得非常好，每天都帮忙把碗筷收进厨房，还用妈妈洗干净的抹布把桌子擦得干干净净。

这天，天天一到家就守在电视机前津津有味地看那部他非常喜欢的动画片，吃饭时叫了好几遍才恋恋不舍地过来。迅速扒拉完碗里的饭菜后，天天就推开饭碗，又坐到了电视前。

"天天，快来帮妈妈收拾桌子。"家人都吃完饭后，妈妈又像平时那样喊儿子来帮忙。

"我想看电视，妈妈。"天天说。

"不能。你要遵守和爸爸妈妈的约定。"妈妈的态度很坚决。

"哦，等一下。"天天的眼睛始终没有离开电视屏幕。

"我们吃完饭了，天天快来啊。"

直到妈妈催第二遍，天天才离开电视，迅速把餐桌上的碗端进厨房，拿起抹布在餐桌上随便抹了两把，丢下抹布就又赶紧坐到了电视机前。

看着儿子敷衍了事的样子，妈妈难免有些生气。"这孩子怎么这样！"这句话已经到了妈妈嘴边，但她还是忍住了，长吸一口气，温和地问儿子：

"天天，你这就是收拾完了？"

"没有，妈妈，我看完再收拾。"天天忙着看电视，一仰头，就又很轻松地跟妈妈许下了另一个诺言。

"他一会儿还会不会再收拾呢？"妈妈虽然有些疑惑，但最终还是选择相信儿子。

"好的，妈妈听你的安排，那妈妈就先刷碗了。"

"好的。"

没想到，没过多久，天天真的跑了过来，一边兴奋地跟妈妈讲着刚才动画片里的情节，一边拿起妈妈给他准备的抹布，又重新认认真真地把餐桌擦了一遍。

这样的场景，想必在很多家庭中都发生过。孩子的注意力集中的时间本来就短暂，再加上容易被形形色色的事物吸引，于是，像天天这样的情况就很容易出现了。那么，反思一下，当类似状况出现时，你自己是怎么做的呢？立场不坚定的父母，也许在孩子因为忙着看电视提出今天"违约"的要求时，就心疼妥协，使约定变成一纸空文；脾气暴躁的父母，在孩子随便擦了下两桌子，表现出些许敷衍之后，就会大发雷霆，使得这样一件小事很快演变为家庭大战；不信任孩子的父母，在孩子提出看完电视后再收拾的要求后，可能会不再等待，而是自己收拾使得约定落了空，或者干脆说不再相信"这个小骗子"，把孩子打击得"体无完肤"……总之，在这整个过程中，只要天天妈妈对天天表现出一点点不信任，这件事情就会向别的方向发展，而正是天天妈妈的信任，以及那一句充满信任的"妈妈听你的安排"，才让这件事最终完美结束。

由此可见，信任在家庭教育中有多么重要。我们反复强调，孩子的心灵是非常敏感的，你在孩子的践诺过程中对他表达了信任，出于由信任产生的愉悦、父母的期待，哪怕只是因为自尊和面子，孩子都会视诺言为己任，去全力践行。

同样地，孩子犯了错时，一旦被你发现，你也要相信他此时是心怀愧疚的。如果他发现，即便自己犯错，父母仍旧对他表现出十足的信任，他就会下定改正错误的决心，这对他规则意识的建立有着非常大的帮助。比如案例中的天天，他开始违反过规矩，内心想必也有过很大的动摇，但妈妈的信任和耐心，给了他改正错误的机会，践诺带来的愉悦会促进他以后能更好地遵守规矩；相反，父母如果不信任孩子，忽视他的愧疚，并抓住错误不依不饶，孩子的内心就会由愧疚感变成挫败感，甚至会产生反抗心理，守约这件事本身对于他而言，就不再是很好的体验。

信任自己的孩子，对父母来说是个考验，对孩子来说，却是一种跨越。

最重要的原则：坚持！坚持！坚持！

在孩子规则意识的培养过程中，父母的态度和教育方式至关重要。父母严肃对待规矩并始终如一地坚持，规矩就能成为铁律在孩子那里推行下去；相反地，如果父母对待规矩、孩子的哭闹和孩子的"违约"行为表现出宽松的态度，就不要指望孩子规范行为，严守纪律。坚持！坚持！坚持！最重要的原则，一定要说三遍。

规矩的制定和实施不能"三天打鱼，两天晒网"

你要知道，孩子能否养成良好习惯，主动权始终掌握在父母手上。因此，爸爸妈妈在制定家规之前，就要和孩子达成共识，一旦孩子同意，就要严格执行，并坚持到底，不能"三天打鱼，两天晒网"。规矩的反复变化最容易让孩子视规矩为无物，父母要发挥好监督者的作用。比如，你规定孩子每天完成作业后才能玩耍，那么，在实际生活中就必须这样要求他，经过一段时间的实践养成习惯后，孩子就不会故意要赖或找别的借口破坏约定了。

不要无休止地和孩子"讨价还价"

要让孩子明白，一旦双方都同意的规矩，就是命令，必须严格执行，不能出尔反尔，也不能有商量的余地。我们虽然提倡父母要多多体谅和理解孩子，但在面对规矩时，也不能过于"心软"，好言相劝没完没了，陷入和孩子无休止的"讨价还价"之中。比如，你要求孩子晚上9点钟睡觉，他哀求你看完这集动画片再睡，你妥协了；看完这集动画片后，他又哀求你，再看一集后去睡，你又妥协了；看完这集，他要求再看一集，你再一次妥协了，时间已是晚上10点钟。试想，有了这样的经历，当你第二天再要求孩子9点钟上床时，沉浸在动画片中的他，又怎么可能听命于你？因为一旦你表现出丝毫犹豫，孩子就会"乘胜追击"，最后你们制定的规矩也成为一纸空文。

重要的原则不需要和孩子讨论

我们说亲子间规矩的制定需要双方同意，但有些规矩，比如，不能爬高，不能动电器，不能在马路上乱跑和不能未经许可擅自动别人的东西等事安全、他人利益和社会公序良俗的规矩，则不能给孩子留有商量的余地。如果孩子在这些方面有质疑或者犹豫，你不要与孩子纠缠，只需要清楚地告诉孩子"你只能这样做"就可以了。只要孩子发觉你是以一种很严肃的态度在对待这件事情，他也会严肃起来的。

制定家规时，以孩子接受的方式进行

过于严厉的家规会让孩子缺乏安全感，语气过于直接也会刺伤孩子。因此，如果父母在制定家规或表达要求时，能够以孩子愿意接受的方式进行，就能避免很多冲突。

家规要简明不含糊。比如，不要说"少穿点儿衣服"，而要说"外面很暖和，只穿一件毛衣就行了"；要求要明确不指责，不要说"不能跑到街上"，而要说"在院子里玩儿吧，院子里安全"；要多称赞少责怪，比如，他主动把玩具收到盒子里，虽然并没有全部归位，你也要用拥抱或亲吻表达对他的肯定。

家规的执行要循序渐进

在培养孩子遵守家规的过程中，父母要坚定和果断，但也要明白，这件事情不可能一蹴而就。父母既要引导，也要遵循儿童成长和发育的特点。比如，家规不是越多越好，规矩太多只会让孩子感觉到压力；规矩的执行可以先从简单的、重要的事情入手；使孩子守规矩并不是一蹴而就的事情，需要经常提醒，父母也必须要付出更多耐心。

如何科学、温和地和孩子设立界限

《三字经》里有这样一句话，"养不教，父之过"，由此可见，从古至今，教育孩子都被认定为父母天经地义的责任。对于"教育"，《说文解字》的释义是，"教"为上所施下所效也，"育"为养子使作善也，为达到这样的目的，教育者要为孩子设立一定的规矩和界限。

具体而言应当怎么做呢？

首先，我们要对孩子的所有行为明确分区，设定规范。

比如，父母可借鉴交通规则根据后果的严重程度将孩子的行为依次分为绿区、黄区和红区区别对待。绿区，是父母允许孩子实施的行为，只要孩子的行为在这个区间内，就被认为是合适的和可行的；黄区，是父母认为有些不当，但也可以容忍和有条件接受的行为，比如周末的时候可以晚睡一会儿，生病的时候可以多看一会儿动画片；红区，则是那些会危害自身和他人的行为，是坚决不能容忍的行为，比如，不经允许随便拿走别人的东西，跟别人一有不和就起语言冲突甚至动手，等等。

在帮孩子理清各种行为的界限和后果之后，父母就可以强化孩子好的行为，纠正不良的习惯，帮助孩子有的放矢地控制和规范自身。有一点也需要特别提醒，父母在为孩子设定行为规范之后，一旦孩子出现不当行为，父母也要努力去了解和探究隐藏在孩子不当行为背后的情绪和原因，比如，有的孩子玩儿高兴了就会见什么扔什么。父母要让孩子明白这些行为是不正确的，也是不能被容忍的，然后指导孩子用正确的行为去表达自己的喜悦、哀伤、愤怒等情绪。

其次，父母要让孩子明白，规矩就是铁律，所有人都必须遵守，不得违反。比如，父母要求孩子好好吃饭，可以因为不饿选择不吃，但绝对不能边吃边玩儿。对于这条规定，如果父母只将它作为条例要求孩子死记硬背，未必有好的效果。如果父母告诉孩子，"你不好好吃饭，我们就必须教育你，甚至放下筷子去管你，这样势必会影响我们的正常进餐"，这样的教导方式就会让孩子对这条规矩有更为感性的认识，让他从小就明白，规矩的存在并不是想让他过得不舒服，而是不能影响和损害别人的利益。

再次，当孩子违反规矩时，父母一定要批评或警告，并给予必要的引导。具体而言必须注意以下要点。

一是不当行为发生时，批评一定要及时。也就是说，孩子犯错时一定要"抓现行"，无论孩子年龄大小，都要及时处理。如果等事情过去后再批评，小孩子早已忘了自己所犯的错误，大孩子则已经想好了应对策略。

二是必须说明行为不当的原因。如果想让孩子在整个事情中能够心服口服，就要让他对自己的行为有深入的认识。让他了解是行为本身违规，还是超出了"家规"和"社会接受的范畴"之外，行为造成了哪些后果，为什么要对他予以批评，等等。父母都要向孩子明确说明。

三是批评必须就事论事，不比较，不责备。孩子的成长环境不同，面对同一个问题的选择和做法也势必不同，所以，不要采用"比较式"批评，也不要对孩子的人格进行攻击。比如，不要说"你看小明每天只看半个小时电视，你怎么看个没完"之类的话，或者在孩子因为完不成作业而犯愁时，就轻易说出"你怎么从来都不认真对待学习"之类全盘否定的话。

四是不要借助别人的权威来批评。"等你妈妈回来我就告诉她""你爸爸知道你这样一定得收拾你"……这样的威胁，只能让孩子觉得你软弱，并不会因此而对你言听计从。

五是批评后切忌翻旧账。批评过后，孩子得到了教训，孩子和父母的这一页就应该翻过去了。批评的目的是让孩子记住下次不再犯同样的错误，而不是向孩子发泄不满情绪，如果父母总是时不时地提起这件事，无论对于哪一方，都不是好的体验。

如何正确运用正面管教手段，也是父母需要重点了解和学习的方面。

对3岁左右的孩子来说，"暂停"其实就是一个很有效果的正面管教方式。这个阶段的孩子对安全感的需求是最多的，因此，在孩子出现不当行为时，只要父母将他们短暂隔离，不让他们与父母或者熟悉的身边人正面接触，就能够达到让孩子反思的目的。

这里特别要强调的是，打骂是我们非常反对的一种管教方式，虽然这种方式的效果"立竿见影"，但被打骂后的孩子对于自己行为的控制并不是出于自觉，而是为了免受皮肉之苦，这就让孩子失去了一次宝贵的学习自我控制的机会。另外，打骂也可能会招来孩子的怨恨，身体和自尊上的双重折磨，并不能让他们对自己的行为进行反思，相反地，报复、怨恨，以及下次犯错时如何不被发现，才是他们此时全力思考的事。

当孩子不肯遵守约定时，父母应该怎么做

萌萌爸爸最近经常被女儿气得大发雷霆，因为3岁多的女儿总是说话不算数，答应得好好的事情转眼就变，你批评她她还一脸无辜。比如昨天晚上，已

经9点多了，萌萌还坐在电视机前津津有味地看着，没有一点儿要离开的意思。

"萌萌，都9点多了，该洗脸睡觉了。"

"不嘛，我还想再看一会儿。"

爸爸催促了好几遍，萌萌都不愿意关电视，最后，爸爸想了个主意，用猜拳的方式决定关不关电视，萌萌因为好奇，愉快地答应了。

结果，爸爸赢了，可电视机刚刚关闭，萌萌就又急匆匆地跑过去打开。

"萌萌，咱们不是说好了我赢关电视，你赢才能继续看吗？"爸爸边说边又关掉电视。

"不行，不算，我不睡觉，我要看电视。"萌萌才不在意爸爸说的话，又伸手打开电视。

就这样，爸爸和萌萌关关开开地闹了一阵子，最后，萌萌生气了，咧嘴就哭，爸爸见状，只好无奈地随她去了……

通常情况下，孩子不遵守约定主要有两方面的原因：首先是年龄的原因，孩子本身的自我控制能力有限，加上刚刚接触社会交往规则，对于遵守约定这件事还比较陌生，需要长时间反复练习才能够确立。其次是父母的原因，父母在孩子规矩建立过程中要起好的示范作用。案例中的萌萌父亲，就没有做到好的示范。本来已经约定好只要爸爸赢了猜拳，就得关电视，结果在女儿违约甚至出现以哭闹形式逼父母就范的情况下，爸爸不仅没有采取适当方式坚持原则，反而无奈默认了孩子的"犯规"行为，那么，以后萌萌再"犯规"就是必然的。

因此，父母就不得不面对这样一个问题，当孩子不肯遵守约定时，父母究竟怎么办？

要点一：不要一棍子打死，要区别对待

孩子不遵守约定，可不一定都是孩子的错，父母要换位思考，分情况对待。是约定的内容太难了？是孩子身体不舒服、情绪不好？还是因为其他的外界因素无法实现？父母就要根据实际情况有针对性地酌情调整约定内容，并给予孩子情绪上的安抚和鼓励。如果是因为他耍赖哭闹而无法执行约定，那父母就一定要坚定立场，坚持执行约定，让他知道在约定面前哭闹无用。但父母切忌训斥孩子，因为规则意识和纪律意识的培养是一个漫长而系统的过程，需要给予时间反复练习才能达成。此时，父母的宽容和耐心也就显得非常重要了。

要点二：提醒孩子遵守约定，并按约定行事

孩子的自控力和长时记忆力都比较弱，他的违约可能就是因为一部好看的动画片，或者约定是早上定的，晚上就已经忘记了，面对这样的情况，父母就有必要在立规矩的时候把不遵守规矩的后果明确告诉他，然后坚决执行就可以了，如此几次孩子自然会牢记心中。比如，孩子习惯一边玩耍一边吃饭，父母就可以告诉他，30分钟内必须吃完饭。吃饭中途，可以告诉孩子还剩多长时间，给他们一点儿提醒，时间一到，不管孩子有没有吃饱，就一定要依约收起碗筷。

要点三：肯定和奖励也一定要有

如果孩子的纪律性、规矩意识强，父母除了要在表情和语言上给予肯定和鼓励之外，也可以适当给予孩子一些物质奖励，以强化他的这种行为。比如，孩子今天在学校乖乖吃饭，而且认真听课，没做小动作，那么，父母回家后就可以用一点儿小奖品作为奖励。可以是他想要了很久的玩具，也可以是一小块蛋糕，都会让孩子感受到愉悦，并因此将好的行为继续下去。但父母切忌"以条件换结果"，比如"你今天要是怎么，我就给你什么"，这样的做法反而会让孩子将本该拥有的好行为"物质化"，而孩子也会变得越来越功利。

前面我们已经说过，孩子纪律性和规矩意识的培养是一个长期而系统的过程，父母不仅要善于处理孩子违约的情况，日常生活中，也要善于通过奖励强化孩子的好行为，让孩子养成懂礼守约的好习惯。

第四章

正面管教技巧二：

这样说，孩子才会听你的

为什么我们一直都在为孩子着想，他们却不听，还嫌烦？

为什么我们反复纠正他们的缺点，他们却当成耳旁风，再说多了还会对着干？

为什么我们批评，他们就不高兴；一夸奖，他们就得意忘形？

3岁的孩子往往不愿意听我们讲话，即便听懂了，也会在报复心理的作用下故意对着干。所以，只有你和孩子的相处方式让他觉得舒服，或者你说的话让他感觉舒服、受用，他才会跟你建立起良好关系，听你讲话，并由此衍生出好的行为。那么，孩子到底爱听什么样的话呢？

你真的知道如何跟孩子说话吗

"我吃过的盐比你吃过的饭多""我走过的桥比你走过的路多",以此为傲的父母,自然会为了让孩子少走弯路,凭借自己的经验和体会,引导和教育孩子。

"不要玩儿了,赶紧睡觉!"

"不要挑食,好好吃饭!"

"不要闹脾气,你已经长大了!"

"不要打人,那是不对的!"

"不要吃手指,不卫生!"

"不要那么近看电视,对眼睛不好!"

"大人说话小孩儿不要插嘴,不礼貌!"

……

"不要""不能""不应该"……父母试图以这种简单而又直白的方式将自己认为正确的事情灌输到孩子的头脑中时,常常会发现,结果并不能尽如人意。你三令五申,他却左耳朵进右耳朵出;你严厉纠正,他却不断再犯;你苦口婆心,他却又是甩手又是跺脚地发脾气。你说他不听话,脾气不好,并为他的未来深深担忧,却不知他的不爱听,很大程度上源于你的不会说。

当孩子还是襁褓中的婴儿时,对着那样一张粉嘟嘟的脸庞,任何大人都会不由自主地调整语气,柔声细语地对他讲话。而随着孩子一点点长大,身上的毛病越来越多，大人的耐心也会越来越少。于是，指导变成了指责，传授变成了命令，父母的话语里多了很多"不要""不行""不应该"，对孩子的发泄和不满，稍倾就溢。

父母要知道，对孩子过多地使用命令性和批评性话语，会对孩子造成长久的伤害。这并不是危言耸听。首先，这样的说话方式会扼杀孩子的创造力。想象一下，你的孩子正像一棵幼苗蓄势待发，准备破土而出，这时，父母不由分说地命令，对他而言无疑是一种高压，久而久之，孩子自然不愿跟父母表达自己的意见，甚至都懒得在行动上去探索自己灵光一闪的点子。另外，这样的说话方式也会打击孩子的自信，试想一下，如果我们在每天的工作中也被别人不停地冠以"不行""不准""不要"时，是不是有一种非常强烈的被操纵感和被否定感？长期被这样呼来喝去，我们也会慢慢失去自信，甚至变得自暴自弃。

这样的扼杀和打压长期作用在一个孩子身上，最终只可能出现两种极端结果：一是对训斥和教导厌恶到极点，变得心胸狭隘，听不进一点儿劝诫，像个一点就着的炸药包，不讲道理，不明是非，时时处处与大人对抗；二是被打压怕了，或习惯听命于人，变得极度软弱，没有一点儿自己的想法和追求，成为没有思想、没有个性的"老好人"。

无论哪种结果，都是父母不想看到的，但这并不意味着父母就不管孩子了，家庭教育并非非黑即白，非此即彼，孩子需要父母的教育和引导，父母也要给予孩子耐心和尊重。我们既要看到孩子成长中的不足，也要赏识孩子为成长所付出的努力，把充满命令和谴责的"你不要"，变为充满肯定和鼓励的"你可以"。

少说"不要做"多说"要做"

看似一字之差，实则却容易产生蝴蝶效应，可能会对孩子的未来产生巨大的影响。比较"不要爬上台阶，太危险"和"你只能在平地玩儿，高处太危险"，"不要说谎"和"你要诚实"，"不要打扰我，我在工作"和"你需要自己玩会儿，我在工作"，显然，同样的意思，前者从口气和感情上明显充满了呵斥、命令和不满的意味，而后者则是理性、平和、充满善意与爱意的教导，口气上是在和孩子商讨。我们反复强调，孩子的心思是极其敏感的，当你给予他足够多的尊重与认可时，他必然也会信服和追随你，因此，父母的那些教导和建议，他会听，也爱听。

放下权威至上的观念

平等，是家庭教育中非常重要的一环。要想真正地将自己和孩子放在平等地位上，就要认同孩子的独立人格，换位思考，不把自己的想法强加给孩子。要给予孩子选择的权利，同时，也要允许他们有试错的机会，很多父母整天看管着孩子：一看他拿剪刀，就立马厉声呵斥"放下，别伤了手"；一看他摸开关，就赶紧阻止"别碰，会触电"。可是，他们真的是一碰剪刀、一摸开关就会受到伤害吗？当然不是。父母"不要""不行""不应该"地施以严厉管教，从本质上来看，就是对孩子的不信任。当父母跟孩子的想法出现冲突时，不妨换位思考一下：如果有人不尊重我而又要我听话，我会怎么做呢？这样，父母就能更多地理解孩子的行为和想法，在他们拿起剪刀或靠近开关时，能够理解他们的好奇心，并从容不迫地指导他们在安全范围内使用这些东西，这对他们的成长才会有益。

管教孩子也需要注意场合

很多家长都发现，越是在人多的场合，孩子就越容易变成"人来疯"。中国有句老话，叫作"当面教子，背后管妻"，在众人面前，孩子的不当行为，父母看着别扭，便会频繁命令孩子不许这样，不许那样。但是孩子的自尊心强烈而脆弱，这个时候的"不要"和"不行"，不只是训斥，更是对孩子自尊心的伤害。所以，如果这时的你真想让孩子不要吵闹，就尽量使用下面的办法：用递眼神或肢体动作的方式示意孩子不要吵闹，或者悄悄耳语，告诉他懂礼貌的孩子在公共场合要保持安静。还是无效的话，可以把孩子领出去，切忌在大庭广众之下训斥孩子。

选择，让孩子对你的话不再"左耳进，右耳出"

孩子虽小，也有自己做决定的权利。如果父母想让孩子听话，就要给予他尊重，设定一个合适的范围，将选择的主动权交到他手里，而父母则需要在一边笑眯眯地做一个不替孩子做决定的"懒"妈妈或爸爸。

妈妈带着3岁半的小鱼和朋友一起吃饭。饭桌上，小鱼不肯喝自己杯里的牛奶，闹着也要和别的小朋友一样喝酸奶，但是小鱼最近有点儿咳嗽，医生反复叮嘱她不能喝太甜和太凉的东西。

面对女儿的"不合理"要求，小鱼妈妈并没有强迫她听话，而是当着一桌子人的面，跟女儿展开了谈判：

"喝完你杯子里的牛奶，你就可以喝一口我杯子里的酸奶。"妈妈的意思很明确，她给了女儿两个选择，如果小鱼选择喝完牛奶，就可以喝一口酸奶。而如果小鱼不喝牛奶，酸奶肯定没得喝。

小鱼很认真地想了一下，然后做出选择，端起杯子一口气喝光了里面的牛奶。小鱼妈妈也当场兑现承诺，让女儿喝了一口酸奶。

大多数父母在处于小鱼妈妈的境况时，第一反应是以女儿的身体健康为重，立刻严肃拒绝。之后事情的发展可能就是：要么孩子在强压下乖乖噤声，内心却因为父母在大庭广众之前的呵斥而受到伤害；要么孩子无视妈妈的关心，依然胡搅蛮缠，激起妈妈的愤怒，最终在公众场合引发母女纷争。而在这个案例中，小鱼妈妈既没有给女儿下命令，更没有因为女儿的不听话而生气，相反地，她只是给女儿提供了合理的选项，然后很平静地将决定权交到了女儿手里。

可见，父母和孩子意见不统一时，给予孩子自主权是多么重要。"你应该这样做""你不要和××玩儿""现在必须马上上床睡觉"等命令式的教导会让孩子觉得只有父母才是有权做决定的人，而自己只能压抑欲望简单服从，作为一个同样有思想、有意志的人，他怎么可能愉悦地接受？所以，聪明的父母，不妨将一贯的命令式语句变成选择句，比如，"这件事这么做是不是不太好，我想你能不能尝试着那样做"；"我想你还是吃完饭再去看电视比较好，这样边吃边看，饭凉了容易肚子疼"；或者直接给孩子设定AB项，让他选择执行，比如，想让孩子马上上床睡觉，就可以说："你现在是准备听一个故事再睡呢，还是直接睡？"想让孩子游戏后将玩具收拾好，就可以问他："你做完游戏后，准备把玩具放到筐里，还是放回到柜子上？"这种方式既会让孩子感受到来自父母的尊重，更可以帮助他培养独立思考的意识，提高孩子独立自主解决问题的能力。

必须要重点强调的是，在让孩子做选择时，父母给出的选项也一定要在某个限定范围之内，因为孩子的知识和经验还不足，过多的自由和过于宽泛的选项，并不利于他做出科学且适宜的选择，同时，也不方便父母将正确的思想和行为融入选项，对孩子进行良好的引导。

技巧1：说孩子爱听的，听孩子想说的

为什么我们的要求都是为孩子着想，他们却不听，还嫌烦？

为什么反复纠正他们的错误，他们却都像耳旁风，再说多了他们还甩脸子，专门和我们对着干？

为什么我们批评，他们就不高兴，一夸奖，他们就得意忘形？

为什么我们的要求他们总不能认真对待，而是敷衍塞责？

我们需要孩子听我们讲话，听懂我们讲什么，并且思考我们话里的含义。首先，父母就要搞明白，到底是什么原因导致孩子听不懂、听不进去，甚至根本不愿意听我们讲话。

育儿专家经过多年研究认为，情绪是影响儿童"听话"的最大阻力。当孩子内心感受不到认可、尊重、认同和理解时，自然就会滋生抵触情绪。在这种情绪下，孩子根本不愿意听父母讲话，即便听懂了，也会在报复心理的作用下故意对着干。所以，只有你和孩子的相处方式让他觉得舒服，或者你说的话让他感觉舒服、受用，他才会跟你建立起良好的关系，听你讲话，并由此表现出好的行为。那么，孩子到底爱听什么样的话呢？

亲密的话

爱是滋养孩子成长的源泉。对于幼儿时期的孩子来说，父母是亲人，也是他们唯一的朋友，自然需要和父母进行比较多的亲密接触。成长之后，他们会建立友情、遇见爱情，但父母之爱，依然是他们心底最柔软的一块圣地。无论是多大的孩子，都需要父母更多的爱，父母多说些亲密的话语，自然会让孩子觉得安心舒适，也会将父母看作世界上最值得依靠和信赖的人。

比如：

"宝贝，你是上天送给爸爸妈妈最好的礼物！"

"我姑娘怎么能长得那么好看呢！"

"我儿子长大了，就是不一样。"

"没关系，宝贝，妈妈小时候也犯过这样的错误，努力了好久终于改掉了，妈妈相信你也能行！"

表扬的话

希望得到他人肯定，是人类的共同心理，孩子在这方面则表现更甚。任何微小的肯定，都能增强孩子的自信心，从而外化为他保持良好习惯和行为的动力，所以，只要看到孩子进步，父母就不要吝惜自己的赞美，及时予以夸奖。认对一个字、答对一道题，甚至说了一句贴心的话语，都可以成为父母夸赞他的理由，也是帮孩子树立自信的难得机会。

鼓励的话

哪怕孩子表现得不尽如人意，父母也千万不要苛求，打击指责，比如，"你怎么那么笨啊！""我说了多少遍你还是不懂"……与其说这些，还不如换个说法，既能表达自己的期望，又能向孩子传递满满的鼓励，这样一来，他即便失败也不惧怕，仍旧信心满满地继续向前。

"你已经有很大进步了，再接再厉哦！"

"今天弹得真不错！"

"不要紧，下次小心些就不会再摔碗了。"

目标明确的话

在孩子的世界里，没有那么多迂回婉转，所以，如果父母说话的语气果决、简练、不含糊，孩子就会心甘情愿地去照办。但千万要注意目标明确并不等于命令，命令的方式他们可不容易买账，如果能在里面加入一些鼓励、分析和引导，孩子可能更容易接受。比如，"你要乖乖睡觉，这样明天才不会迟到，老师喜欢这样的小朋友""昨天是妈妈帮你洗的脸，今天是不是该你自己洗啦"。

聪明的父母善说，高明的父母善听。父母一方面要重视如何说孩子才会听，另一方面也要努力学习如何倾听孩子说话。

很多父母都觉得，"我一直在听他说话啊，从他牙牙学语之时我就在听，他说出的每一个字、每一句话，都给我带来喜悦，被我视如珍宝。"可是，这就是在听吗？你真的会听吗？你有没有嘲笑过他的童言童语？你有没有在孩子嘟嘟囔囔、没完没了跟你说话时表现出些许不耐烦？有没有在孩子讲述自己的想法时，"及时"插话予以纠正，甚至因为他的言论直接反驳呵斥？父母的很多态度和做法，都会在有意无意间阻碍孩子的意思表达，不被尊重加上自卑情绪的长久积累，很容易导致孩子与家长对抗。

倾听也是需要技巧的，善于聆听孩子的心声，及时分享或分担孩子的快乐与忧愁，才能摸准孩子的成长命脉，构建良好的亲子关系。那么，如何才是正确的聆听呢？

正确聆听的姿势

一定要蹲下身子，不居高临下，应当与孩子平视。

身体稍稍向前，这能表现出你对他的兴趣。

听的时候不环抱胳膊，不用手捂嘴巴，手里不要拿着书、手机等任何东西。

自然地看着孩子的眼睛，并通过眼神交流，来表达你的认可和愉悦。

表现出你对这场谈话的专注

用语言向孩子传递你的专注、兴趣和鼓励。"太好了""真的吗""你居然和我想的一样""想法不错，继续说""你居然能有这样的想法，真是难以置信"。

父母倾听时候的表情变化，也会被孩子看在眼里。比如，微笑会让孩子感受到认同；惊讶能让孩子觉得自己很有本事；跟随孩子一起皱眉、愤怒，会让孩子因为被理解而获得归属感。

而有些表情和话语则是在听孩子讲话时坚决不能做出和说出的。比如，漫不经心会令孩子失望；眼神飘忽会让孩子不安；"我早就知道了"，会让孩子觉得扫兴；"知道了知道了，你已经说过一遍了"，会让孩子感觉不被尊重；"待会儿说，我现在很忙"，会让孩子觉得不被重视。

保持中立，回应简洁

在听孩子说话时，父母只有把自己的欲望、好恶放在一边，才能完全了解孩子的想法和感受，孩子也才会因为这样的感同身受变得更加坦诚和开放。

在对孩子进行回应时也要"中立"，先言简意赅地将他的主要观点和想法复述出来，让孩子加深对自己想法的印象，同时认识到自己是被理解和接纳的，从而增加对父母的信任。

时机选择要恰当

倾听也是需要时机的，父母要善于分析孩子的语言和表情，选择恰当的时机倾听才会有益于亲子关系。当孩子只是向父母寻求建议或意见时，父母只需要给出他需要的信息；当孩子欲言又止，不愿意谈论太多时，父母也不要追根问底；如果孩子明显想要结束谈话，父母最好也不要强求，应到此为止。而在父母知道自己忙碌，不可能跟孩子有太多谈话时间时，最好不要启动对话，应把交谈留到时间宽裕时进行。

技巧2：尽量把句号变成问号

案例1

每天幼儿园放学后，凡凡都要在小区里跟小朋友们玩儿一会儿。这天，眼看天都黑了，凡凡意犹未尽，不愿意回家。

“宝贝，赶紧回家了，该吃饭了。”凡凡的妈妈说。

“我不想吃饭，我还想玩儿。”凡凡说。

女儿的不听话让妈妈动了火，大声对她说：“不行，你看看都几点了，必须回家。”

看妈妈生气，凡凡也不高兴了，说什么都不回家，噘着嘴坐在花坛边生气。直到小朋友们一个个都回了家，爸爸跟奶奶一起下来找她，她才让奶奶牵着手，愤愤不平地回家了。

案例2

每天幼儿园放学后，毛毛都要在小区里跟小朋友们玩儿一会儿。这天，眼看天都黑了，毛毛还是不愿意回家。

"宝贝，赶紧回家，该吃饭了。"毛毛的妈妈说。

"我不想吃饭，我还想玩儿。"毛毛说。

妈妈并没有因为女儿的拒绝而气恼，她仍旧语气和蔼地说："嗯，妈妈知道你还想玩儿，回到家只有你一个小孩子，肯定会觉得孤单。可是，你看天马上就要黑了，爸爸和奶奶还在家等着咱们回去吃饭呢，而且别的小朋友的父母也都在家等着他们回去吃饭，你说这该怎么办呢？"

毛毛认真地想了一会儿，回身像个"小大人"一样地跟小朋友们说："我要回家了，爸爸和奶奶在等我吃饭。明天咱们再玩儿。"然后，便牵着妈妈的手乖乖回家了。

马斯洛的需求层次理论，将人类的需求按照从低到高的顺序分为5种，分别是生理需求、安全需求、社交需求、尊重需求和自我实现需求。根据这一理论，被尊重是人类较高层次的需求，如果无法获得满足，人就会变得沮丧和失落。

大人是这样，孩子也是如此。如果孩子在与父母的交往中感受到尊重，不觉得自己是父母的附属物，孩子就会乐意与父母交流，并听从父母的建议和意见。反之，孩子则会变得逆反，将自己封闭起来。正如英国教育家斯宾塞所说："对孩子要少下命令，命令只有在其他方式不适用或失败时才用。要像一个善良的立法者一样，不会因为压迫人而高兴，而会因为用不着压迫人而高兴。"

如何让孩子在与父母的交往中感受到尊重呢？除了要摒弃简单粗暴的教子方式外，在语言上也要善于把句号变成问号，即用商量代替命令，用引导代替训斥，用理解代替嘲弄。

多商量，少命令

在要求孩子做他可能不情愿的事情时，要用商量的口吻，比如，想提醒孩子该睡觉了，可以说："9点半了，你是不是该睡觉了？"而不是直接说："9点半了，快去睡觉！"

想要求孩子给父母帮忙，就可以说"宝儿，你能帮妈妈把扫把拿来吗？"，而不要说"去，给我把扫把拿来"。

如果孩子按照你的要求去做了，你一定要记得说声"真乖！"，这样，孩子就会因为你的认同感受到尊重，心情变得愉悦了，自然不会对你的要求产生抗拒。

多引导，少训斥

我们在平时的人际交往中，绝对不会因为别人犯了一点儿错，就板起面孔严加指责，那么，对待孩子我们更需要多些耐心和引导。不要觉得小孩子不能领会你的婉转，其实，他能从你的婉转中感受到尊重。得到的尊重越多，孩子就越能自重，就越会注意修正自己的言行，以获得更多的尊重。因此，婉转地对孩子进行引导，远比直接的训斥甚至辱骂要有效得多。

多理解，少教训

以孩子的认知和经验，他们自然会有很多以自己的力量根本无法解决的问题，他们可能会向父母倾诉，以寻求帮助。虽然这些问题对父母来讲是小菜一碟，甚至荒唐透顶，父母也千万不要表现出哪怕一丝一毫的嘲弄或教训，最好能站在孩子的角度，像朋友那样去理解他、引导他。

技巧3：激发孩子合作的魔力词汇

"我该如何促使孩子和我合作呢？我总是在不停地唠叨，可似乎并没起作用。而且很多时候，即便是已经说好的事情，他也会无缘无故地反悔。"

从每天的洗脸、穿衣、吃饭，到出游、学习、购物，有太多事情需要由孩子自己或者和父母一起做。如何让孩子自愿跟父母合作，这是全世界家长都倍感头疼的一个问题，但也是家庭教育中无法规避的一个命题。

明明对孩子好，却常常费力不讨好，所说的话被当成耳旁风，别说赢得孩子的尊重和信任，连最起码的理解都成了奢望。而以强权压迫孩子就范，虽然表面上看能够在短时间内达到效果，却让孩子在长久的挫败中变得一味顺从或过度逆反。那么，到底如何才能同时赢得孩子的心，又不输了自己呢？

建议一：尊重孩子，理解孩子

当你在和孩子交谈时，首先要相信孩子有能力和大人合作，以此为基础，让他感受到自己被尊重和被理解，并且知道大人是对事不对人的，孩子就能心甘情愿地合作。这比强压或惩罚控制的手段要有效得多，而且一定要记住，孩子只有感受到你在认真倾听后，才有可能听你的。

建议二：善用"讲条件"的技巧

在和孩子"讲条件"时要给他一个好的期待，比如，"你吃完饭就可以去看电视了""你洗完脸，我们就能躺床上读一本你喜欢的故事书"，或者"你自己乖乖玩儿一会儿，不要打断妈妈，这样，妈妈就能快快做完工作陪你玩儿了"，在将条件清晰罗列之后，孩子就知道应该先付出，后享受，便会很自觉地与你合作了。

建议三：情绪暴躁时，先深呼吸

当孩子出现糟糕的状况时，作为家长，尽量不要让情绪驾驭你，从而对孩子威逼利诱、大喊大叫，甚至责骂、殴打，那样只会令孩子更加逆反，将结果引向难以控制的局面。所以情绪激动时，请先深呼吸，问问自己到底什么才是关键问题，这样，才能头脑冷静、有的放矢地解决问题。

下面，我们看一个实际操作的例子：

3岁多的源源早上被妈妈叫醒后大发脾气。依照约定，她应该自己起床，穿衣服，叠小被子，可这一天源源不但不配合，反而还哭闹了起来，吵着不要穿衣服，不想上幼儿园。

看着女儿的无理取闹，源源妈的火气也瞬间升腾，但想到一旦发火就会造成不可逆转的后果，她还是努力压制住了自己。深吸两口气后，妈妈开始尝试以沟通的方式来促使女儿理解和合作。（父母情绪激动时，先想办法让自己平静，这样才能从容地解决问题。）

"你是不是没睡醒呢？还没睡醒就被妈妈叫了起来，很难受吧？（当孩子觉得自己的感受能够被理解时，情绪就会缓和下来。）接着，妈妈抱起源源，放在肩头，说："妈妈小时候每天早上被你外婆叫醒时，也会有些生气，你现在就是这样吧？"（告诉孩子自己也有类似经历时，会让孩子觉得自己被理解、被爱护。）源源在妈妈的怀抱中轻轻点了点头，将脑袋搁在妈妈肩头，情绪已明显缓和，妈妈则轻轻抱着她，用另一只手慢慢抚摸着她的后背。

"今天我们穿什么呢？我们来找找衣服吧。"妈妈将源源放在床边，一边说话，一边回身从衣柜里拿出两件衣服，"你想穿裙子还是短裤呢？你自己选。"（给孩子选项让孩子选择，这样，无论孩子选哪件，都表明她愿意穿衣服了。）源源选了裙子，妈妈帮她穿好，可是，当妈妈要给源源扎辫子时，她又突然焦躁了起来，摇晃着脑袋不愿意梳头，说要妈妈抱，还要妈妈讲个故事。

"妈妈很想抱你，而且还想给你讲个故事呢，可是你上学要迟到了，妈妈上班也要晚了，而且刚才已经浪费了很多时间。"源源妈妈一脸的无奈。（表达对孩子的理解和同情，但对孩子的行为明确表示不接受。）

"不行，我要抱抱，我要听故事！"源源又一次哭闹起来。

"你希望妈妈抱你，是吗？"妈妈这样问，源源泪眼婆婆地点头，"可是，你又希望抱抱，又希望讲故事，早上时间这么紧张，你觉得怎样才能办到呢？"

"不知道。"源源回答。

"如果你能快速起床，不闹脾气，乖乖穿衣服，我们是不是就能够有多余的时间了呢？"妈妈又接着问。

"可是我没有睡醒。"（通过以上的引导，源源已经不再对妈妈有负面情绪，愿意向她敞开心扉。）

"那要怎样解决呢？"

"不知道。"源源又一次摇头。

"既然你不知道，妈妈有一个建议，你愿意听吗？"

"嗯。"

"我们今天晚上8点半就洗脸刷牙，9点钟就上床睡觉。那你明天早上就能早早起床，自己洗脸穿衣服，这样，妈妈就有时间抱抱你，或者给你讲个故事了。"

"好的，妈妈。"源源痛快地答应了。

通过有效地沟通，一个坏的开头就这样被源源的妈妈转化成了一个愉快的结尾。

请用尽心思地表扬你的孩子

案例1

一回家，慧慧就跑进卧室，好半天没有出来。妈妈进去一看，发现女儿站在床边叠自己脱下来的衣服，一脸认真的样子。

"哇，我的宝贝今天在自己叠衣服啊。"妈妈满面笑容地夸奖她。

"是呀，老师今天教我们叠衣服，还说全班数我叠得最好。"她满脸自豪地说。

"我的宝贝真厉害。知不知道你为什么能叠那么好？因为你学叠衣服的时候特别用心。"听到妈妈对自己的夸奖，慧慧满脸兴奋。

"那你怎么想到回家还要叠衣服的呢？"妈妈接着问。

"因为我想给你一个惊喜！"慧慧很激动，居然还在说话时第一次用到了"惊喜"这个词。

案例2

晚饭后，大伟和爸爸妈妈一起去逛超市，路过设置在超市里的游乐区时，大伟照例要求进去玩儿一会儿。

那天是星期六，超市和游乐区的人特别多，妈妈想到有一次就是因为孩子太多，工作人员看护不周，导致一个孩子在蹦床上摔倒还划伤了脸，便拒绝了儿子的要求。

看着满场玩闹的孩子，大伟兴奋得不得了，所以，父母的拒绝让他非常生气，噘着嘴站在游乐区说什么也不愿离开，无论爸妈怎么劝说都没用。

离他们不远的地方，有一个孩子因为要去游乐区也在发脾气，行为比大伟更极端，躺在地上大声哭闹，鞋子甩出老远，连大伟也不禁被那样的哭闹声吸引了注意力。妈妈见状，便问大伟："看看那个小弟弟，多不听话，我们大伟才不那样呢。"大伟看着那边，轻轻点了点头。

看儿子情绪稍有平复，妈妈便把上次游乐区摔伤小孩的事情跟他讲了一遍。见大伟的表情不再那么固执了，妈妈便抓紧机会夸奖儿子："我们大伟真是个讲道理的孩子，能耐心听爸妈讲话，不是那种胡搅蛮缠不讲道理的孩子。"在这样的软硬兼施之下，最终，大伟还是牵着爸爸妈妈的手高高兴兴地回了家。他为自己的"懂道理"自豪极了，回家后还将那个孩子的哭闹和自己的良好表现跟外婆详细讲了一遍。

美国心理学家威廉·詹姆斯曾说："人性最深刻的原则就是得到别人的赏识"。通过多年研究，他还发现，一个没有受过激励的人，仅能发挥其能力的20%～30%，而在肯定与激励之下，其能力能发挥到80%～90%。表扬、激励对一个人成长的重要性，由此可见一斑。

表扬好的行为有利于孩子的成长，不过，表扬也是一门艺术，要懂时机，还要费心思。建议父母们遵守以下几条原则。

表扬要慷慨

如果用成人的眼光去解读孩子的行为，特别是年龄很小的孩子，恐怕他们身上还真没有多少值得赞叹的东西。其实，成长就是由一点一滴的小进步构成的，今天能慢慢站起身来，明天能在大人的帮扶下勇敢地迈出第一步，不久便能架着小手慢慢行走，小心翼翼，憨态可掬……因此，如果父母想培养孩子的良好习惯，增强他的自信心，就要善于发现他的进步，并且不吝惜自己的赞美，慷慨地给予表扬。特别是对于年龄小的孩子，一定要多多表扬，随着孩子的成长，再逐渐提高表扬的标准。

表扬要及时

在孩子记忆力及思辨力还没有发展成熟的时候，往往会记得早先发生的事情。像很多父母下午去幼儿园接宝宝的时候，问他中午吃了什么，他就常常会以"忘了"作为回答。所以，如果你的表扬不及时，也就是说，表扬没有在行为发生的"此时""此地"进行，而是有所延迟或者干脆是在父母突然想起来的时候进行的，那么孩子就会弄不清楚自己为什么会被肯定，不仅不会对表扬有什么深刻印象，而且表扬本身也无法起到强化好行为的作用。

表扬要具体

我们表扬孩子的目的，就是强化孩子好的行为，所以，你的表扬越具体，孩子就越能明白自己努力的方向。比如，孩子今天吃饭的时候没挑食，如果家长只是说"宝宝今天真棒！"，虽然孩子也会表现得很高兴，但表扬效果却会大打折扣，因为他根本不确定自己今天为什么"棒"。是因为妈妈心情好，是吃饭用了筷子，还是自己吃得又快又多？所以，"你真聪明""你真棒"之类的泛泛之词虽然能暂时令孩子振奋，但不能有效强化孩子好的行为，而且也容易让孩子变得骄傲，听不进劝说。此时，你一定要这样夸奖孩子: "宝宝今天吃饭没挑食, 我太高兴了!"

不仅要表扬结果, 更要肯定过程

一次成功, 是由多个行为组合而成的结果, 所以, 在夸奖结果的同时, 也要肯定期间的努力, 这样才能让更多好的行为得到强化, 同时避免孩子为获得表扬而单纯追求结果, 急功近利。比如, 不要总是一味地夸奖宝宝, "手真巧, 手工做得真好"或者"把屋子收拾得真干净", 而是也要肯定孩子在这个过程中付出的努力和智慧, 比如, "你是用胶水粘的啊, 想得真周到, 只是把两张纸折一起肯定会散开""你还懂得收纳啊, 看看, 玩具在玩具柜里, 衣服在衣橱里, 真好"。

还有一种可能, 就是孩子"好心办了坏事", 出发点是好的, 中间的努力是对的, 只是结果不尽如人意。比如, 孩子想帮父母分担家务, 吃饭之前主动收拾碗筷, 却不小心把碗摔到了地上。如果家长这时候只根据结果的好坏, 不分青红皂白否定孩子, 那么, 孩子以后肯定不敢再尝试这样的事情了。而如果家长能客观地评价孩子的行为, 在告诫他做事要小心的同时, 肯定他的懂事和体贴, 那么, 孩子就会乐于主动改进自己的不当行为, 并自愿将自己的懂事和体贴继续发扬下去。

如何拒绝孩子的不合理要求

案例1

餐厅里人来人往, 一个孩子不愿意安静地坐着, 一个劲儿地央求父母"要去外边玩儿"。爸爸说吃完就走, 孩子始终不同意, 最后爸爸只得妥协, 放下碗筷带孩子去外面玩儿了一会儿。

案例2

宝宝不愿意坐安全座椅，非要像大人一样坐到座位上。妈妈不同意，坚持把他放在安全座椅上，宝宝立刻大声号哭，使劲儿蹬脚非要站起来。

案例3

家里来了客人，宝宝却因为事先说好要去游乐场，不停地催父母出门。父母让他不要闹，需要稍微等一会儿，宝宝却倒地撒泼，让所有人备感尴尬和无奈，父母只好将他"拎"到另一个房间，关起了"禁闭"。

上述场面，想必很多父母都不陌生。由于丰富的物质生活，加上父母的溺爱，有些孩子越来越不愿意，也不能够控制自己的欲望，成了家中的"小霸王"。要风得风，要雨得雨，稍有不顺心，轻则噘嘴不高兴，重则撒泼打滚，不达目的誓不罢休。这便给我们这些为人父母者制造了又一种挑战，那就是如何以科学、合理、充满爱意且不伤害孩子的方式，拒绝他们的不合理要求。

"孩子那样可爱，下不了狠心啊！"一些父母会这样说。但是除了"狠"，拒绝孩子时还必须讲求"准"。这里的"准"，就是根据孩子的年龄和性格，采取不同的拒绝方式。

0～2岁，直接拒绝

这个年龄段的宝宝，语言能力、理解能力还比较低，你跟他们摆事实、讲道理，他们未必能听得懂。所以，想要拒绝这个阶段的孩子，可以直接说"不可以"，或者用摇头表示不同意。在他们出现危险举动，比如用手摸电源时，要马上制止。

2～4岁，冷静在先，引导在后

2～4岁的孩子，正处于人生的第一个叛逆期，他们不愿意听父母的话，强烈希望按照自己的意愿行事。拒绝这个年龄段的孩子，就不能硬碰硬，而是要在双方意见冲突时，将他带离冲突现场，或者独自离开，给他一个调整情绪的时间。等父母和孩子的情绪都冷静下来之后，再就这件事情进行正面教导，孩子才会愿意听父母的话，也会在理解和思考的基础上接受父母的观点。

4岁以上，讲道理

4岁以上的孩子，在感情、智力，以及社会经验方面，已经有了相当大的提高，这个时候，父母就可以采取讲道理的方式向孩子表达拒绝。跟孩子理性分析为什么不能这么做，以及这么做可能造成的后果，以提高孩子遇事时的分辨能力。家长分析的深度、广度可以根据孩子的年龄和理解能力自行调整。比如，4岁半的孩子坚持要将幼儿园的玩具带回家，鉴于4岁以后的儿童已经有了归属意识，父母就可以这样教育孩子："玩具不是你的，是幼儿园的，你们平时只能在幼儿园玩耍，不能带回家，只有属于你和爸爸妈妈的东西，我们才能自由支配。"

在这里千万不能对孩子说谎，对于不确定的事情也不能模棱两可。如果遭遇孩子的激烈情绪，也可以用前述的"冷处理"办法，先确保他们冷静下来，然后再理性分析。

此外，父母也可以根据孩子的性格特点进行管教。

倔强的宝宝：激将法

利用孩子要强、好胜的心理，以激将的方式让他将拒绝变成自愿。比如，孩子不愿意去幼儿园，父母就可以说："好好学习的人长大才会有大出息，不知道我家宝宝是不是能好好上学，长大成为有用的人呢？"

好动的宝宝：强制安静

对于性格外向、活泼好动的孩子，在向他表示拒绝时，可以先将他带到相对安静的场所，待他平静下来之后，再表达拒绝效果更好。

兴趣广的宝宝：转移注意力

有些孩子生性好奇心强，兴趣广泛，父母在对他们表示拒绝时，可以把他们的注意力从这件不被允许的事情上，引导到其他有趣又适宜的事情上。比如，孩子在和小朋友玩耍时，非要和小朋友争呼啦圈，这种情况下与其生硬地阻止孩子，倒不如把孩子的注意力引向其他方面。父母可以这样引导孩子："别抢小朋友的呼啦圈了，你看，秋千现在没有人玩儿，我们去演个'超人'好不好？"这样，孩子就能顺利接受你的拒绝，并快速忘记不愉快。

心思细腻的宝宝：暗示法

对于这些心思细腻、懂得揣摩和体贴大人心思的孩子来说，父母在拒绝时可以适度示弱，以唤起他们的同理心。比如，孩子在外面玩儿得不愿意回家，父母就不妨进行这样的暗示："让你自己在这儿玩儿，我不放心，万一你丢了就再也见不到了。陪着你一起玩儿吧，可是妈妈上了一天班，累到腰都痛了，你说我们该怎么办呢？"

传递"我很喜欢你"的讯息，平息孩子的逆反情绪

案例1

在父母的严厉管教之下，3岁的阳阳已经表现出了十足的逆反行为。

妈妈告诉他，在家里不能跑，要慢慢走，以免绊倒摔着。阳阳却如同没听见一般，在家里跑来跑去，边跑边兴奋地喊，看到妈妈气得变了脸色，他还在旁边开心地笑。

一天，阳阳又光着小脚丫在客厅和卧室之间快速地跑来跑去。爸爸担心他摔伤，又怕他感冒，就对他吼，谁知他不但不怕，反而咯咯地笑着跑得更欢了。

爸爸无奈，揪住他在屁股上打了两巴掌，阳阳哇哇大哭起来，委屈得不

得了。

案例2

晚饭前，奶奶让小洁洗手，小洁一会儿说下午洗过了不脏，一会儿说不想洗，嘟着嘴不愿意去。奶奶苦口婆心劝说好久也没有效果。妈妈见状，走过来对小洁说："小洁，妈妈特别喜欢你帮妈妈洗手，你愿不愿意跟妈妈洗手呀？"小洁双眼亮晶晶地看着妈妈，毫不犹豫地答应了。

小洁顺从地跟着妈妈来到洗手池旁，把妈妈的手和自己的手一起放进水里，并一本正经地给妈妈做着安排："妈妈，小洁先帮你洗，然后妈妈帮小洁洗。"

教育专家认为，身处反叛期或反叛情绪中的孩子，有强烈的自我意识，他们非常希望得到更多的关注。那么，在这样的时刻，父母与其跟他们摆事实、讲道理，分清谁对谁错，争个你高我低，倒不如顺应孩子的需求，肯定他们的存在，尊重他们的自我意识和独立性，让他们有力量变得宽容、豁达。

爱无疑就是解决这一切的最有力武器。

每位父母心底里都是喜欢自己的孩子的，能够全方位包容，但孩子未必全然知道。为什么会这样？是孩子没心没肺吗？我们反复强调，孩子的心是非常敏感的，问题不一定都出在孩子身上。那么，最后就只剩下一个可能，那就是父母表达爱的方式不对。

这与我们接受的文化有着非常密切的关系。中国文化讲究中庸和含蓄，男女之间崇尚朦胧美；父母和孩子之间又以孩子要尊重父母、恪守孝道为根本要义。这就使得中国的亲子关系远不如西方国家那般轻松自如，中国的家长很少向孩子以语言、肢体等更为直白的方式表达爱，孩子自然也不能很好地接收到来自父母爱的讯息。这就是为什么在中国很多时候都是"养儿方知父母恩"。

下面，我们就来教教父母如何向孩子表达爱、传递爱，这在平时以及孩子反叛时都适用。

①告诉孩子"我爱你"。

②以温和的触摸或拥抱表达对孩子的爱意。

③告诉孩子什么是对的、什么是错的，但也要理解和尊重他的是非观。

④注意并肯定孩子的每一点小进步。

⑤做决定时征询孩子的意见。

⑥耐心彻底地回答孩子提出的各种问题。

⑦在孩子成长的不同阶段，都可以依据他们的能力，对他们委以重任。

⑧因势利导，帮助孩子建立自信。

⑨关心孩子的行踪，也要关注他们心底的声音。

⑩尊重孩子的人格和独立性。

只要父母能把自己想象成孩子，设身处地地急他们之所急，想他们之所想，而不是利用父母的权威进行压制，孩子就能充分感受到父母的爱意，进而就能让他们暴躁的心变得平静，让他们的心灵沉静下来。

除了以上这10个向孩子传达"我爱你"的方法，日常生活中，父母也能够在点滴中向孩子表达爱。

留出陪伴孩子的时间

无论工作多忙，父母每天至少应留出半个小时的时间，全心全意和孩子一起度过：坐在地板上和不会走路的宝宝玩玩具，陪着宝宝一起用积木搭建他心中的"城"，或帮助孩子一起做手工……一定要记住，把自己变成孩子的朋友，即便他们在生活中出了纰漏，也要倾听他们的想法，以研究的精神和态度与他们讲明道理，帮助孩子成长。

充分展示语言的力量

"明天我不想去幼儿园了，今天老师批评我了，我生气了！"当你的孩子从幼儿园回到家后，情绪激动地说出这样的话时，如果你上来就说"你又犯什么错了？"，有99%的可能性，你会将一个处在反叛边缘的孩子变得极度暴躁，将一场本可以以倾诉结束的亲子交流，转变成一场亲子大战。

怎样抚平他的情绪并弄清事情的原委呢？正确的做法是，告诉孩子，他是最棒和最值得父母信任的人，出现这样的问题，可能是有什么误会在里面。孩子感受到来自父母的理解和爱，就觉得父母会支持他，便很乐意与父母坦诚交流，父母与孩子之间的信息和情感传递就会变得非常容易，孩子也会乐于接受父母的忠告。

帮助孩子正确管理情绪

作为父母，你可以规范孩子的行为，同时也可以教会他们如何疏导情绪，远离反叛的深渊。比如，孩子因为你不愿意给他买一件价格昂贵的玩具发起了脾气，甚至开始以哭闹要挟你。无论孩子怎么哭闹耍无赖，你都必须要坚持原则，这是你最基本的立场。但同时，你也不能不关注和疏导孩子的情绪，你可以先把孩子带离现场，找一个相对安静的地方让他自己冷静下来。接着，告诉孩子，你爱他，不给他买玩具并不等于不喜欢他，而是因为某些客观存在的情况，比如这个月家里预算不够，或者是家里已经有了一件同类型的玩具，没必要再花大价钱买同样的东西。只要你与孩子的对话是建立在彼此珍爱、彼此尊重的基础之上，孩子一定会理解你。而且，以后再遇到这种情况时，孩子有了这次的经历，便会在情绪管理上有进步。

第五章

正面管教技巧三：帮助
3岁孩子培养良好的个性和能力

　　培养3岁孩子良好的个性特征，比整天关注他们的
智力发展更重要。对于3岁孩子，此时最重要的并不是
让孩子掌握那些为上小学打基础的知识，如会数数，会
算10以内的加减法，会背乘法口诀，会认识多少汉字
等，也不是像现在大多数父母想的那样，培养孩子遵规
守纪，做一个听话的乖孩子，而是让孩子在个性和社会
性方面得到健康的发展。

发现孩子的闪光点

著名教育家陶行知先生任育才学校校长时，有一天偶遇两个男生打架，其中一个男生正要捡起一块石头砸向另一个男生。他急忙制止了这场冲突，并要求那个准备砸人的男生到他的办公室去。

不一会儿，这个男生便到了他的办公室，缩着脖子弓着腰，惴惴不安的样子。没想到，陶行知先生却掏出一颗糖递到男生手里说："这是奖励你的，因为你很守时，准时到了我的办公室。"在当时那个年代，糖块儿是最高奖赏。

正当男生一脸纳闷的时候，陶先生又掏出第二颗糖递给男生说："这也是奖励你的，我不让你打同学，你就立即收手了，说明你很尊重老师。"

接着，陶先生又掏出第三颗糖放到男生手里说："据我了解，你是因为那个男生欺负女同学才要动手打他的，看来你是一个很有正义感的人，这非常值得称赞。"

这时，男生已经听懂了陶先生的教诲，他声泪俱下地跟校长道歉："校长，我知道错了，我不该动手打人。"令人倍感意外的是，陶先生还是没有责骂男生，而是掏出了第四颗糖放到男生手里："你勇于承认错误，这第四颗糖，就是奖励你的勇气。好，你既然明白了，那我们的谈话也该结束了。"

这是一位老教育家教育学生的故事，引申到家庭教育中同样非常适用。

我们可以想象一下，如果这个捡石头砸人的男孩是你的孩子，当你发现自己的孩子做出这种行为，势必会控制不住怒气，对他狠狠训斥，甚至付诸"武力"。那么结果呢？孩子肯定会被父母的气势镇住，但心里充满委屈。也许他会向你申诉："是因为他欺负女同学我才打他的。""他欺负同学你就该拿石头砸人吗？你怎么这么暴力！"所有的关注点都集中在他用不当的行为应对别人的不当行为之上。也许他内心委屈却没有吱声，但抵触情绪在肆意蔓延，任凭父母批评教育，结果他一句没听进去，满脑子想的都是改日再教训一下那个给自己添麻烦的男生。

你看，同样的一件事情，采取的教育方式和态度不同，产生的结果就大相径庭。男孩打人的行为当然是不对的，但陶先生还是全面地看待了这个问题，努力从各个方面寻找男孩身上的闪光点，并态度平和地表扬了他。任男孩再顽劣，遇到如此理解和信任他的人，又怎么会不被感动，并发自内心地反思自己的行为呢？所以，教子者必须要慈，而且要用赏识的眼光善于发现，甚至是发掘孩子身上的闪光点，这样，孩子才能不断地收获爱与自信，从而规范自己的行为，并不断努力以获得更大的进步。

下面，我们就给大家提供一些强化孩子身上闪光点的方法。

第一，持续强化孩子众所周知的优点

孩子在取得任何进步的时候，哪怕小到只是快速穿好衣服这种事情，他都希望得到父母的肯定和鼓励，因为，这能让他最为快速和真切地接收到来自父母的爱和喜悦，从而也给自己带来愉悦的心理感受。所以，父母不要吝惜自己的赞美，哪怕只是一点儿小进步也一定要肯定孩子，帮助他冲向更完美的远方。

第二，正面肯定，指出孩子的小优点

如果父母总是揪住孩子的缺点、过错不放，孩子会倍感压力，甚至产生焦虑。所以，在纠正孩子错误行为的同时，也要全面看到孩子身上的优点，捕捉他的每一点进步，及时加以肯定和鼓励。就像陶行知先生一样，在男孩打人时，他没有因为男孩触碰了底线，就忽视他的守时、对师长的尊重以及对同学的保护等优点，而是将这些优点从这次性质糟糕的事情中特别指了出来，既强化了优点，又让他反思了自己的行为。

第三，见微知著，肯定孩子错误行为中的闪光点

无论大人还是孩子，生活中总会犯这样或那样的错误，但是这些错误不可一概而论，需要区分对待。如果原本的出发点是好的，比如，想获得尊重，想追求上进，或者像案例中的男孩一样为了伸张正义，只是因为方式方法不对而犯错，家长一定要肯定这背后的动机，并在了解孩子的需求之后，多找机会表扬他，满足他的心理需要，以此为基础，再引导孩子以正确的方式来实现诉求、表达愿望。

第四，沙中淘金，表扬孩子的与众不同

世上没有完全相同的两片树叶，自然也不可能有两个完全相同的孩子。每个孩子都有其与生俱来的特点，必须予以尊重。所以，父母要接受和理解孩子的一切，比如性格孤僻的孩子，父母可以这样对他说："你这样沉静、不淘气的小孩真让父母省心。"当然，对于孩子性格中的负面因素，父母也要因势利导，帮助孩子改正，开创另一番天地。

如何培养孩子的自我管理能力

孩子的自我管理能力指的是在日常生活中，孩子在力所能及的范围内所进行的自我约束、自我调节、自我控制等一系列能力。

自我管理能力是随着儿童独立意识的发展而产生的，被认为是孩子成长的重要标志之一。儿童心理学界甚至将这一能力的发展状况认定为可主宰孩子一生的关键要素。

在前文中我们提到了一项实验，即糖果实验。这个实验最主要的目的就是考查孩子的延迟满足能力。从另外一个角度来讲，也可以说是考查孩子的自控力，即自我管理能力。

显然，为了得到更多糖果而延迟满足自己的孩子，自控能力强一些；而那些拿到糖果马上放到嘴里的孩子，自控力就比较弱。实验的追踪结果也证明，自控能力强的孩子长大后更有成就；而自控能力差的孩子，长大后的社会成就并不明显。

由此可知，孩子的自我管理能力远不止是否淘气、是否听话那么简单，它关乎一个孩子的行为品格和未来发展。这种能力从孩子两三岁时开始萌芽，且每个正常儿童都具备发展成熟的条件，所以父母一定要因势利导，根据不同年龄阶段孩子的情商和智力发展状态，科学地促进孩子自我管理能力的发展。

少说多做，以身示范

孩子的模仿能力很强，因而，父母的一言一行对他们自我管理能力的发展都有潜移默化的影响。整洁有序的家庭环境有利于儿童良好习惯的培养，也能激发他们自我管理的欲望，所以，父母在收拾和整理房屋之后，可以"故意"向孩子炫耀一下成果："瞧！妈妈多厉害，能把房子收拾得这么干净！""衣柜整洁吧，你能做到吗？"出于好胜心理，孩子肯定会表示自己也可以做到，当孩子有了自我管理的欲望时，父母就可以邀请他一起来做了。

在日常小事中培养孩子的自我管理能力

独立穿衣服、穿鞋子、把鞋子放在鞋架上、收拾玩具并归纳整理……所有这些3岁孩子能做到的事情都应逐步交给他自己去完成。让3岁孩子多做些力所能及的事情，管理自己的日常事务，孩子还是很愿意去做的。

当孩子学会处理一项日常事务后，家长一定要及时夸奖他一番："真不错！真能干，像个大人了！"那么，孩子的兴致一定会更高。

耐心督促，反复提醒

因为孩子的无意识记忆占优势，且自我调节能力差，所以培养孩子的自我管理能力必须经过反复强化才可能实现。著名儿童心理学家林崇德教授指出："习惯是在生活过程和教育过程中形成与培养起来的。习惯的形成主要靠简单的重复和有意识地练习。"当孩子产生自我管理的欲望时，父母就要有意识地在孩子学习生活的各个方面一起建立规则，并经常提醒、督促，边要求边引导。比如，吃饭时不挑食，不大声说话，嘴巴对着饭碗用勺子一口一口吃，睡觉时要把脱下的衣服叠好放到枕头边、袜子不能到处乱丢……为强化记忆，父母还可以用游戏、儿歌等形式，不厌其烦地提醒、指导孩子，以促进他们养成良好的习惯。比如："小鞋子是好朋友，相亲相爱不分家，一起放进柜子里，出门再穿棒棒哒。"

让孩子成为一个内心强大的人

在孩子的一生中，有太多的挫折、失败、疾病、意外……即使父母绞尽脑汁也无法掌控，更何况将所有事情都为孩子安排妥当，所以，在这个压力越来越大、安全感越来越少的社会上，父母唯一能掌握的，就是赋予孩子一颗强大的心灵。

内心强大，是孩子应对未来最为有力的武器，能够让他们无论遭遇何种变故，都能乐观向上、勇敢面对，不轻言放弃。这就意味着，父母必须抑制自己过度的保护本能，让孩子接受风吹雨打，强健心灵。父母帮助孩子从小建立良好的习惯和品行，无疑会让孩子终身受益。

强健心灵秘诀之一：让孩子懂得感恩

培养孩子的感恩之心，当然不是一朝一夕就可以完成的，更不可能像技术培训那样，仅凭几句说教或几次训练就能够获得，需要父母长久的浸润与教导，以及一点一滴的影响。我们发自肺腑地感谢他人对我们的知遇之恩，感恩父母对我们的养育，比如，今天我们为自己的父母端茶倒水，明天，孩子可能就会为你奉上热茶，给孩子做好榜样，这才是最好的家庭教育。

强健心灵秘诀之二：自信乐观的孩子，才会有阳光般的心态

拿破仑曾说："自信，是人类运用和驾驭宇宙无穷大智的唯一管道，是所有'奇迹'的根基，是所有科学法则无法分析的玄妙神迹的发源地。"而乐观，则是一种积极的性格和态度，是在挫折中保持不退缩并持续努力的最关键因素。一个孩子，如果能有自信和乐观的心态，未来不论面对什么，都能始终保持阳光般的心态。

要想让孩子拥有自信，父母就必须善于发现并肯定孩子的天赋与每一次的进步，尊重他们的选择，并赋予他们自我欣赏的能力。乐观心态的培养，父母和家庭的影响更重要，有积极乐观的父母，有无论遭遇什么挫折都能积极应对的榜样示范，孩子势必会被这样的家庭氛围所感染，从而拥有乐观心态。

强健心灵秘诀之三：问题总有解决的方法

我们不可能规避问题，但能够掌握解决问题的能力和方法，更重要的是拥有"我能解决"的信心。所以，父母不要大包大揽，剥夺孩子解决问题的机会，从小就应该让孩子养成习惯，通过自己喝水、穿脱衣服这样的小事，帮他树立一种"事情尽在我掌控之中"的信心。当孩子遭遇失败时，不要以"你还小，没关系"之类的话来逃避问题，而是要帮他分析失败的原因，并鼓励他不断尝试；家庭遭遇困难时，也不要以"你不懂，不用管"这样的话将孩子排除在外，而是要在孩子理解的范围内，尽量详细地将情况告诉孩子，让他在力所能及的范围内，和家人一起度过困境。比如，家庭遭遇"财政危机"时，可以将详细情况告诉孩子，引导他少买玩具，和家人一起缩减开支。相信孩子会理解，也会因为这件事跟父母关系更加紧密。

强健心灵秘诀之四：用规律和可预测的生活让他安心

很多父母都错误地认为，新鲜的玩具、惊险刺激的游戏、没去过的地方和未曾经历过的体验，才会给孩子带来快乐。甚至有的父母因为种种原因无法让孩子拥有这些时，还会觉得愧疚。其实，对孩子而言，有规律的家庭生活比绚丽多彩的生活体验更让孩子有安全感，因为一个孩子的健康成长，最需要的就是可预测、连续性强，且充满掌控感的家庭生活状态。比如，天一黑，爸爸妈妈就会回来，然后大家一起吃饭，饭后会有人陪他玩儿一会儿游戏。长期生活在如此有规律的状态中，孩子很少会感到焦虑，消极情绪也会大大减少，对良好且稳定心态的培养有非常积极的作用。

强健心灵秘诀之五：让孩子懂得宽容

正所谓"心有多大，舞台就有多大"，一个胸怀宽广、能容人、凡事又能想得开的人，才会在社会上受欢迎。所以，宽广的心胸对孩子的成长乃至将来能否取得成就有非常大的帮助。在家庭教育中，首先，父母要以自己的宽容和善良影响孩子；其次，要教会孩子如何分享，并引导他主动分享自己的东西；最后，父母还应该帮助孩子区分宽容和纵容，对于别人的无理取闹，在包容和理解的基础之上，还应该守护好自己的利益，这样才能保证心态的积极、平和。

请不遗余力地支持孩子的兴趣爱好

案例1

3岁的安娜最近酷爱画画，可她不愿意将画布只局限在纸上。地板、墙壁、窗帘、床单……只要她的小手能够得着的地方，都成了安娜的画布，她在这些地方肆意涂鸦。这让妈妈非常头疼，骂了她好几次，但都没有用。最后，妈妈只得没收了女儿的画笔，只有大人在她身边时，才拿出来让她画。

案例2

4岁的欣欣俨然是个动物迷，她总是致力于养各种小动物，这让爱整洁的妈妈着实伤了脑筋。

有一次去乡下玩儿，欣欣被毛茸茸的小鸡吸引了，非逼着妈妈买了一只。买回来后，她每天给小鸡喂食喂水，精心照料，最终将小鸡养成了一只大鸡。后来，妈妈实在受不了家里的气味，不管欣欣如何哭闹，坚持把鸡送到了乡下亲戚家。

后来，欣欣还养过螃蟹、麻雀、松鼠等。有一次，在欣欣把一盒从小区草坪里捉住的毛毛虫偷着带回家里准备养时，妈妈的情绪终于爆发了。不仅将毛毛虫扔了出去，还禁止欣欣再把这些奇怪的虫子带回家，并严厉地说："我知道你喜欢小动物，可是楼房里不能养这些东西，以后不许再往家里带了！"

案例3

龙龙的爷爷平日里好舞文弄墨，龙龙看多了，也对笔墨纸砚产生了兴趣，整天缠着爷爷学写毛笔字，这让家人非常高兴。但龙龙毕竟年纪还小，不懂得保护文具，每次写完字就把毛笔随意一丢，弄坏了好几支珍贵的毛笔。

但龙龙家人并没有因为他的错误就禁止他接触纸笔，或者给他的书法活动规定太多限制。龙龙妈妈专门为他买了几支相对便宜、大小也适合他使用的毛笔，还给他买了一个漂亮的卡通小碗，要求他无论用自己的毛笔还是爷爷的毛笔，用完之后都要让毛笔在这些漂亮的"浴缸"中洗洗澡，然后放回笔架上。

兴趣爱好是人类发现、充实自我的重要途径。对孩子一时的兴趣加以培养，就可能成为他一生的技能，而且孩子的兴趣越广泛，就越不容易陷入不良的情绪中。所以，孩子在一时之间表现出的兴趣，是非常值得家长去投资、关注的一个方面，作为父母，在这期间最需要做的，就是充分了解孩子、支持孩子。

首先，父母仍然要对孩子保持开明的态度。也许你觉得他应该喜欢集邮，但他独爱模型；你希望他在钢琴上有所成就，他却厌恶枯燥的音符，远不如对电脑游戏兴趣十足……父母和孩子的目标常常发生冲突，但这恰恰是孩子性格多样性的体现，所以，父母一定要从孩子自身出发，观察他的兴趣爱好，并给予他支持和鼓励。比如，孩子喜欢形形色色的卡通贴纸，那么，父母就不要阻止孩子把部分零花钱投注在那些花花绿绿的小纸上；如果孩子喜欢轮滑，那么，何不试试带他去滑冰场练练身手；如果孩子想要让你带他去参观动漫展，那么，何不快快乐乐地享受这次难得的亲子活动。试着欣赏和包容孩子，正确引导孩子的兴趣，这是对他最大的尊重。

父母的最大乐趣是和孩子一起去探寻他眼中的世界，而孩子的兴趣爱好正好为父母开启了一扇进入他的世界的大门。如果他喜欢篮球，父母可以和他一起去看比赛；如果他喜欢动漫，父母可以和他一起装扮成动漫形象；如果他热爱的活动恰巧也是父母喜欢的，那么，你们就可以一起活动，比如，一起在琴房识谱练琴，或是在兴趣班上一起做手工，一起烹饪。如果孩子觉得自己是独特的，而父母又特别肯定和支持孩子的这份独特，孩子会更有自信，感觉更好。支持孩子的过程，是父母和孩子之间美好而又难得的一段时光。

当然，孩子的心思变化也是我们大人无法预估的。如果孩子对某件事物突然不感兴趣了，父母不要责骂他，也不要强迫他继续下去，即使你花大价钱给他买了装备、报了培训班，他也有改变主意的权利，这并不意味着他就是个失败者，或者习惯性地半途而废。父母要做的就是包容，以及在决定培养他的兴趣爱好前，尽可能精准地对他此项兴趣可能持续的时间进行预估。首先，要看看你对孩子兴趣的热情是不是比他自己都高。比如，制作模型时，是不是只有你一个人在动手做，孩子只是从旁冷眼旁观。有时候，你以为孩子会全身心地喜欢某事，其实并不是。其次，有些兴趣的中止意味着要承担很大的后果。比如，参加团体活动，半途而废就会让团队承担损失；饲养宠物，中途放弃就会让一个生命流浪街头。在孩子做决定之前，父母必须要向他详细陈述利弊，让他在认真考虑之后做出决定。

父母要正确培养孩子的兴趣爱好，在确保孩子能够对某种兴趣爱好持续坚持之前，也要纠正自己认为多花钱就能培养好孩子兴趣爱好的错误观念。

即使看起来幼稚，也要尊重孩子的意见和选择

在中国家庭中，孩子的很多选择都是由父母代为完成的。小到今天吃什么、玩儿什么，小皮鞋应该搭配什么颜色的袜子；大到去什么学校读书、报什么兴趣班，甚至上大学报什么专业，都由父母做主。

"他们还小，什么都不懂。"通常情况下，父母都是出于这样的考虑，

"剥夺"了孩子选择的权利，在父母看来都是理所应当的，因为父母始终坚定地认为，为孩子做好一切，就是能给予他的最大疼爱。可是，当父母全身心投入孩子的人生，绞尽脑汁为他的生活编写剧本时，却没有注意到他冷漠的眼神。当一个人失去了为自己做决定的权利，一切都要遵照他人的安排和意志，按照父母的要求去学习、循着父母安排的轨迹去生活时，那么，他就成了任人摆布的木偶。内心的需求被长久忽视，他自然会对一切冷漠，对生活丧失热情，更不会对自己的未来有可行的规划。

一位学者曾做过这样一项调查。他随机抽取了150名学生，向他们询问当学习和生活过程中遇到一时无法解决的问题时，该怎么办。这150名学生竟然异口同声地回答：找父母。没有一个学生回答先自己想办法解决，实在没办法时再向父母寻求帮助。而当这些孩子在被问到以后想要从事的职业时，竟然有80%的学生说需要回家问过父母之后才能回答。

"缺乏自主性，对自我意识在选择中重要性的麻木，是当代儿童综合素质教育中一个不容忽视的弱项。"在总结自己的这次调查时，这位学者不无忧虑地说。然而，这个世界瞬息万变，孩子将来可能面对的状况谁都无法预知，能力和自信的缺乏，只会让他们感到茫然、恐惧。因此，在孩子的成长过程中，每一次决定，每一步的方向选择，父母都要征求孩子的意见，并试着尊重他的选择。

当然，孩子的认识能力、判断能力以及生活经验毕竟不足，在选择和取舍的过程中，肯定会遭遇挫折，甚至会走弯路。但是成长不就是通过不断地试错和改正来实现的吗？相信孩子的能力，他才能够在一次次的尝试中提高能力。

一位从美国回来的父亲谈及亲身经历的一件事，对我们的家庭教育颇有启示。

一天，儿子从幼儿园回家后，书包里居然有一个没见过的机器人。问他怎么回事，他说是用纸飞机和小伙伴换的。这件事让这位父亲大吃一惊，一只自己叠的纸飞机，怎么能和一个昂贵的机器人等价，他认定儿子是在说谎。第二天，他去幼儿园找到了机器人的主人，并见到了这个美国小男孩的妈妈，她证明了这次交换的真实性："机器人是属于孩子的，可以由他自己做主。"当这位爸爸想将机器人还给小男孩时，这位美国母亲却拒绝了："你的儿子喜欢机器人，我的儿子喜欢纸飞机，这是他们的想法，我们无权更改。一会儿，我会领我的孩子去玩具店，让他知道机器人值多少钱，能够买多少个纸飞机，这样，他就不会再做这样的事了。"

案例中的美国妈妈，虽然也觉得儿子的行为不妥，但她仍然没有干涉儿子的选择，而是从孩子的角度出发，给予他们充分的尊重。当然，这位妈妈也没有迁就孩子的错误，她只是以更为生动、有效的方式，让孩子认识自己的错误。而其中包含的是对孩子的尊重，这恰恰是我们的家庭教育中最为缺乏的。

我们要求父母给予孩子选择的权利，并尊重他们的选择，并不是说父母什么都不用管，任由孩子决定，这也是不科学的。我们说的尊重和权利赋予，是要循序渐进的，随着孩子年龄和认识能力的增长逐步递进。比如，在幼儿时期，父母可以允许孩子在事先规定的范围内选择吃什么、穿什么。可以找两件冬衣让孩子选，拿一个苹果或一根香蕉让孩子挑。再大些，父母就可以在经济条件允许的情况下，让孩子选择购买自己喜欢的东西，或者在不伤害他人的前提下，按照自己的选择尝试某种行为，并为最后的结果负责。在孩子上学之后，父母可以对孩子面临的选择提出建议，但绝不强迫，允许孩子自己决定。即便是那些需要由父母和老师做出的决定，在正式实施之前，也需要和孩子进行协商，双方确实谈不拢或者孩子的想法有明显错误时，父母也要详细阐述利弊，不能一棍子打死，摆出一副"我对你不对，你只能听我的"的架势。

让孩子明白：有些路终须要自己走

媒体曾报道过一则新闻，看后令人唏嘘不已。故事的主人公叫魏永康，一个在两岁时就被称为"神童"，最后却在20岁时因为无法完成学业而被学校劝退的年轻人。

魏永康出生于湖南省华容县，他的传奇，从1984年开始。当时，1岁6个月大的魏永康被母亲带去了单位，闲来无事，人们便围着他用花生米逗弄着要他写字。可曾想，为得到花生米，这个连路都不怎么会走的小孩居然在水泥地上一口气写下七八十个不同的字。大人们惊讶不已，"神童"的称呼就这样传播开来。

其实，在魏永康1岁3个月时，他的母亲曾学梅就开始教他写字，并将自己的虎妈式教育严格贯彻下来。4岁时，魏永康就基本学完了初中课程，小学也只读了二年级和六年级。1991年，年仅8岁的魏永康进入县重点中学读书。1994年，母亲从百货公司下岗，之后她将自己的所有精力都投入到对儿子的培养之中，除了学习，家里事务一概不让儿子插手。儿子上高中后，为保证他的学习时间，母亲甚至还会坐在正在看书的魏永康旁边喂他吃饭。

一方面是母亲的悉心培养，另一方面，魏永康在学习上的天赋的确令人叹为观止，数不清的奖状和证书，让魏永康的"神童"之名更加名副其实。1996年，13岁的魏永康以总分602分考进湘潭大学物理系，成为当地年纪最小的大学生，母亲也跟着他进入大学，继续陪读生涯。

2000年5月，17岁的魏永康以总分第二的成绩考入中国科学院高能物理研究所，硕博连读。母亲没有陪读的条件了，她决定放手，因为她相信，儿子那么聪明，肯定很快就能适应没有她的生活。没想到，没有了母亲的照顾，魏永康的人生瞬间混乱了。他不知道怎么安排学习和生活，不会打扫房间，不会洗衣服，甚至都不懂得随天气变冷添加衣物。他经常一个人窝在寝室看书，忘记忆了要参加考试和撰写论文，结果，他有一门功课因为没有成绩被记零分，继续攻读博士的机会也因为没写论文而失去了。2003 年 7 月，魏永康连硕士学位都没有拿到，就被学校劝退了，一个"神童"的传奇故事就此戛然而止，他找了一份普通工作，结婚生子，完全成为一个普通人。

一位睿智的母亲，通过自己的育儿手段将儿子的智能潜力悉数激发，最终，却由于过度保护，让高智商的儿子因为始终不能摆脱对母亲的依赖，在高速起跑后败下阵来，这样的结果，不能不令人扼腕叹息。

虽然这个案例情况比较极端，有相似经历的孩子和家长并不多见，但现实生活中，时时处处依赖父母的孩子并不在少数，很多父母从小就为孩子包办一切的做法，跟曾学梅并无太大不同。

一个在成长中总是依附父母的孩子，永远都无法独立面对社会和自己的人生。有人总结说：5 岁，你需要父母给你报兴趣班；7 岁，你需要父母给你报奥数班；15 岁，你需要父母给你选择重点中学；18 岁，你需要父母给你选择大学专业；22 岁，你需要父母给你报公务员；32 岁，你还得需要父母给你报相亲节目。可见，一个从小无法摆脱父母护佑的孩子，加上一对始终不舍放手的父母，终将无法做自己，只为他人而活。

敢于放手才是父母对孩子真正的爱，要让孩子从小培养独立意识，一步一个脚印地走好自己人生中的每一步。一个人的一生，不可能一直依赖别人，有的路，终须自己走。

对此，父母在家庭教育中一定要遵循以下四个理念：

第一，多给孩子感受和表达的机会，增强孩子的自信心。自信虽然是人的外显形象，却是孩子内心深处对自己认识的反映。孩子虽然能通过身边人的肯定评价变得自信，但信心的构筑更依赖自己在情绪和行为上的体验，所以，父母要让孩子全权参与自己的人生，并让他们做一些力所能及的家务劳动，这对他们勇气和自信的养成有很大帮助。

第二，父母和孩子要同时"断奶"。有没有觉得，很多孩子在幼儿园能办到的事，在家就不愿意干了。在幼儿园，他们能自己吃饭，自己上厕所，自己穿衣服，可是一回到家里，遇到问题第一时间大多是喊"妈妈"。这说明，在孩子心里，只要身边有愿意代劳的人，他就自动去依赖他人。所以，父母一定要对孩子本来能自己满足的需求狠心说"不"，如果大人不和孩子在心理和行动上一起"断奶"，他就永远是个长不大的孩子。

第三，保证家庭教育中父母给予的爱要一致和均衡。研究表明，如果父母教育孩子的时间与机会差异很大，明显以父亲或母亲为主，孩子就更容易对自己更为亲近的那个人产生依赖。而如果对方都是他可以信赖的对象，那么，他就会更为自信地倾向于自己去解决问题。

第四，化解消极情绪，突出孩子的优点和长处。对于那些尝试更多依靠自己力量的孩子，父母更应重视他们对失败、挫折等情绪的表达，有效化解他们的消极情绪，并通过突出他们优点和长处的方式，让他们知道，虽然未来情况复杂，但是他们仍旧有应对一切的技能，有解决问题和困难的能力。再通过不断地实践，以及在实践中的经验积累，他们会逐渐对自己有更为客观和全面的认识，从而更加愿意接纳自己、相信自己、挑战自己，直至摆脱胆怯和依赖，变得主动和勇敢。

第六章

3岁孩子为什么总是对着干——

这样定规矩，孩子才不会抵触

规矩在孩子成长的过程中起着极为重要的作用。一个建立了规矩的孩子，并不仅仅是"乖""听话"和"好调教"，更重要的是，遵守规矩的生活能保证孩子在秩序中成长，让孩子们判断是非善恶，自发地建立良好秩序与和谐的氛围。所以，如何给3岁孩子定规矩就显得格外重要。

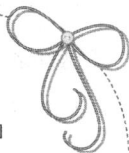

一去商场就大吵大闹要买喜欢的玩具

相信很多家长都有这样的经历，带孩子逛商场，只要一走到玩具区，小家伙就再不愿迈步，嘴里叫着喜欢这个、喜欢那个，全都要买。如果家长拒绝，一场大战就此拉开帷幕，哭闹是少不了的。

怎样解决这样的冲突呢？有些家长会将孩子从现场直接抱走；有些则碍于情面，向孩子妥协，满足他的要求。但无论何种情况，专家都特别提醒，这两种处理方式都不是最科学的，而且在这种状况下，如果处理不当，还可能给孩子脆弱的心灵留下不小的创伤，对他们的健康成长造成影响，家长们千万要小心谨慎地处理。

为什么这两种处理方式都不科学呢？专家认为，强行抱走会让孩子在众人面前失去自尊，感觉自己"很受伤"；而妥协更要不得，会让孩子产生"只要哭闹，就能要什么有什么"的感觉，一旦有过一次这样的经验，之后再遇到自己的不合理要求被拒绝的情况时，他们一定还会"如法炮制"，通过哭闹来达到自己的目的。那么，父母究竟应该以怎样的方式来应对这种情况，并通过制定合理有效的规矩避免这种事情的发生呢？

去公共场所前，向他表明你的要求和期望

去超市购物之前，父母可以先和孩子明确你的要求："今天我们去商场是为了给奶奶买生日礼物，并不打算给我们自己买什么。如果你看到了自己喜欢的玩具，你告诉妈妈，妈妈就会替你写在购物清单上，以后我们一件件地慢慢买。所以，你在商场里乖乖跟着我，不能自己随意拿物品！"

或者对他有个限制："爸爸妈妈给你20元，一会儿去商场，你可以自己挑选一件玩具。记住，你只有20元哦，所以你要认真想好究竟买哪一件玩具。买完后，我们就回家，不能再赖着买别的了。"这种方式，既给孩子立好了规矩，又在无形中培养了他的理财意识，让他学会节制，而不是无限地索取。

给孩子增加逛商场的乐趣

想象一下，当你在商场里专注地研究商品，并沉浸在这样的事情中时，孩子却不得不忍受被放在手推车里推来推去，或者只能无聊地盯着大人的膝盖在眼前来来去去，那么，当他看到自己喜欢的东西出现时就不愿移步或者大吵大闹。所以，为了缓解这样的"症状"，大人们在专注于自己的兴趣时，也应该照顾孩子的情绪，用一些零食或好玩儿的东西来转移他们的注意力，或者，请他们帮忙挑选食物、选择衣服样式等，让无聊的购物过程变得有趣起来，能在很大程度上降低他们发脾气的可能性。

冲突一旦爆发，要冷静对待

当孩子开始大吵大闹时，请你冷静地看着他，并告诉他"停下来，不然我们就回家"。如果孩子仍旧哭闹不止，那就将他带出人群，带到相对安静的地方，不要理他，给他几分钟时间安静下来。要是孩子还是不能冷静，那么就立刻带他回家，并让他在自己房间独自待一段时间，直到他彻底冷静下来，然后，再就孩子今天的行为表现进行评价和修正。

以后，这次事件也可以作为对孩子的一个"教训"，当他再出现不信守承诺在公共场合大吵大闹的情况时，就可以告诫他："停下来，不然我们就会像上次一样马上回家，留你一个人反省。"孩子会记起这个经历，并意识到你不是在吓唬他，而是真的会这么做。

父母一定要严守自己在"说不能买就不能买"这件事情上的底线，以及"你要哭闹就立刻回家"这件事情上的信用，在将你和孩子从公共场合的尴尬中解救出来的同时，也把规则意识植入到孩子心中。

对孩子有意识地进行延迟满足

在孩子想买玩具的时候，家长可以先答应下来，但是告诉他，这个月的家庭消费已经超出预算，只能下个月再买。或者给孩子准备一个储蓄罐，和他约定，只要表现良好，每天就会给他在里面放一块钱，犯了错误就取出一块钱。存钱罐里的钱由他自由支配，下次去商场时，让他用自己的钱购买他喜欢的玩具，这样，也能够有效避免孩子在商场里因不能满足要求而产生暴躁情绪。

父母之间也要立规矩，保证教育观点一致

在给孩子制定规矩的同时，父母之间也要约定，说好不能买的东西，任何一方都不能因为孩子的哭闹而心软妥协。这样，虽然避免不了孩子的哭闹，却能够让孩子清晰地明白父母的坚持和立场，以后也就会有意识地减少要赖行为。

常常对着手机、电脑看得入迷，跟他说话不理人

案例1

3岁的苗苗吃饭时必须让妈妈把平板电脑放在饭碗前，找好她爱看的动画片，然后，一边看动画片一边吃饭，否则，她就紧闭小嘴，一口都不愿吃。

案例2

浩浩是个聪明活泼的小男孩，他最喜欢的游戏就是《植物大战僵尸》。因为玩儿了太多遍，他的游戏技能甚至比很多大人都要好。每当他坐在电脑前，简直就像进入了另一个世界，不再调皮捣蛋，爸妈说话也爱搭不理，甚

至都顾不上吃饭。

案例3

手机是晨晨最喜欢的玩伴。不高兴时，让他玩儿一会儿手机就有精神了；生病时，玩儿着手机打点滴就不喊疼了；调皮捣蛋时，把手机给到他手里就瞬间安静了。有些时候，爸爸妈妈为了让儿子不闹腾，就会把手机给他玩儿，以获得片刻安宁。

高科技产品给人们拓展了一个无比广阔的全新空间，给我们的生活带来了改变。在父辈人的童年时代，溜溜球、铁环等玩具，甚至一部经典的电视剧——《西游记》便能成为最好的陪伴。而对于现在的孩子，一部智能手机就可以带来丰富的娱乐休闲世界。但科学技术是一把双刃剑，它在拓展我们视野的同时，也造就了"低头族"，他们脱离大自然、远离人与人面对面的交往，漠视亲人之间的交流与互动，投入眼花缭乱的信息、游戏和娱乐中。

这并不是一个小问题。3岁之前，父母会主动教孩子一些操作技巧，以期望他们创造更多"不可能"；等孩子到了6岁，一些父母又认为，孩子调皮捣蛋，既然电子产品能让他们安静下来，那又何乐而不为呢？然而，等孩子再大一些，电子产品所带来的负面效应就会逐渐显现，在需要将全部精力投入学习的年纪，他们仍旧想着打游戏、看视频、通过软件交友，将很多时间都投入这些娱乐中，更有一些孩子沉浸在网络游戏的世界中无法自拔，成为网瘾少年。这并不是危言耸听，冰冻三尺非一日之寒，作为父母，一定要对孩子的整个成长有清楚的认识和把控，将很多问题遏制在源头上。

对于孩子沉迷于电子产品的现象，父母又能采取什么样的措施和手段呢？

建议一：不要让孩子过早地接触手机、电脑等电子产品

电子产品对孩子而言，就是一个无法比拟的全新世界，孩子的自控能力很弱，学龄前的儿童更是如此，非常容易沉迷于此。特别是对两三岁的孩子而言，电脑等电子产品屏幕的光亮对他们正处于发育阶段的眼睛会有极大的影响。所以，父母不要让孩子过早地接触手机、电脑等电子产品，尽量在孩子上学，有了一定的自控力之后，再慢慢让他们接触电子产品。要相信，在一个孩子的成长过程中，手机上的切水果游戏所带来的想象空间，远不如一块儿小小的橡皮泥丰富。

建议二：玩儿手机的时间和时机，要和孩子"约法三章"

如果孩子过早就接触到电子产品，且已经产生浓厚的兴趣，建议父母要和孩子就玩儿手机、电脑的时间和时机进行一些约定。比如，如果积极主动地完成自己应该做的事情，每天就可以玩儿半个小时。或者，只有周末的时候才能玩儿电子产品，如果平时偷偷玩儿，就要相应地减少接触电子产品的机会。

建议三：不把玩儿手机、电脑等活动作为奖励

父母可以在孩子很好地完成一些事情后允许他玩儿一会儿手机，但这并不意味着父母把玩儿手机、电脑等作为对孩子的奖励，或进行某项活动的交换条件。像案例中的苗苗和晨晨，父母想让他们吃饭或安静下来，就以玩儿手机和电脑进行交换，久而久之，就会让孩子认为，如果自己想玩儿电子产品的要求没有得到满足，就能够以不吃饭或哭闹的方式对父母进行"要挟"。

建议四：家长以身作则，尽量不要当着孩子的面玩儿手机

现代社会，很多人都是低头族，不少父母在陪伴孩子时也总习惯拿着手机玩儿，这难免会让孩子产生好奇心理，他也迫不及待地想要看看"里面有什么好玩儿的东西"。而且，正所谓"近朱者赤，近墨者黑"，父母沉迷于电子产品，孩子也可能会"上行下效"。初期也许不会有太明显的表现，但长此以往，孩子就可能会变得不愿意沟通，不想交流，缺乏人际交往能力，甚至还会出现一些常人无法想象的状况。

如果父母能多陪伴孩子，就能在很大程度上降低孩子沉迷于电子产品的危险。即便孩子已经对电子产品上瘾，假如父母能及早地多跟孩子在一起，多带着他们一起去接触自然，参加集体活动，多交朋友，便能够在很大程度上分散孩子对电子产品的注意力，减少他们对电子产品的依赖。

每天催着刷牙、收拾玩具，从来不主动做

"江江，一会儿就该睡觉了，妈妈跟你一起收拾好玩具，去刷牙洗脸准备上床好不好？"

"嗯嗯。一会儿就去。"

10分钟后。

"快点儿收拾玩具，洗脸刷牙，别磨蹭了，你看都几点了？"

"马上，我拼好这个拼图就去。"

又过了10分钟。

"你听到我刚才的话没有？跟你说话怎么总当耳旁风啊！再不睡觉，明天该起不来了！赶紧收拾玩具，洗脸刷牙！"

"妈妈，可是我现在太困了，能不能明天早上起来再收拾玩具、刷牙洗脸？"

"半个小时前就跟你说要收拾好玩具，准备洗漱睡觉，你磨磨蹭蹭，现在没商量，马上去！"

妈妈说完，江江还是扭着身子不愿意动，加上困倦，他已表现得十分烦躁。母子俩纠缠了一会儿，3岁多的江江开始"放大招"，哇哇大哭，而且怎么哄都哄不住。妈妈无奈，只好妥协，牙都没刷就让江江上床睡觉了，一

场家庭大战才告一段落。

相信大多数父母都遇到过类似的情况。说好了自己的事情自己做，事到临头，孩子却开始扯皮推诿、找借口，如心情不好、累了、困了、今天不想干可不可以改明天……想方设法地把自己要做的事情推迟下去，似乎跟父母对着干、向规矩发起挑战，才能让他获得成就感。那么，父母究竟该如何应对这样的状况？又应该采取怎样的策略防患于未然呢？

下达命令时，时间要明确，内容要清晰

给孩子制定规矩或下达命令时，如果不把开始和结束的时间交代清楚，就会让那些小机灵鬼们抓住变通的空间，甚至在他们玩了一会儿之后，就会完全忘记家长交代的事情。如果家长指令的内容不明确，语意含糊，甚至还带有责备的意思，孩子就会搞不清你对他的真实期望是什么，从而也无法按照你的要求行事。

像案例中的江江妈妈，她给儿子下达的前两个指令只是简单催促，没有明确的时间限制，相对于睡觉，他肯定还是更喜欢玩儿游戏，所以必然不会马上行动起来。而第三个指令，虽然规定了明确的时间，即为"现在"，但因为充斥着指责，会让孩子忽视掉指令，只关注妈妈的批评，加之自身的困倦与妈妈的反复催促已经让他十分不耐烦，他便以哭闹表达逆反情绪。

怎样给孩子制定规矩、下达指令，才能有效呢？第一，必须有明确的时间；第二，要有简洁准确的内容描述；第三，有明确结果，即告诉孩子要做到怎样的程度才可以；第四，还要有确定的完成时限。这四者缺一不可，务必同时具备。以江江的故事为例，妈妈应该这样下达指令："江江，你不能再玩儿了，该睡觉了，给你5分钟时间，收拾好玩具，我们刷牙洗脸讲画报，然后睡觉。""现在，请把你的小汽车、蜡笔和积木都放回到玩具箱，妈妈会在这儿看着你，去吧！""儿子，10分钟后我们睡觉，现在，去把玩具收到玩具箱里，到浴室刷牙，然后上床睡觉。来，跟我重复一遍你接下来要做的事！"

刚开始给孩子制定一项规矩的时候，孩子出现耍赖、扯皮，甚至直接拒绝的现象实属正常，但只要父母表达的指令科学、正确，且具有可操作性，孩子在一次次的练习之后，必然会习惯成自然，将规矩很好地执行下去。

让孩子懂得自己的事情自己做是一种美德

在日常生活中，应有意识地多给孩子讲述一些关于"勤劳""小朋友自己的事情自己做"的故事，甚至还可以在讲完故事之后，跟孩子进行一些探讨。

你可以先问孩子，"爸爸妈妈每天上班、做饭、照顾你，是不是都是我们应该做的啊？"孩子肯定说是。父母可以很自然地将话题转移到孩子身上："你看，这些都是爸爸妈妈能做，而且该做的事。那宝宝能做的事情有什么啊？"之后，孩子就会很努力地回想，并一件一件地告诉你他能干什么，比如"自己吃饭""自己穿衣服""自己系鞋带""自己刷牙洗脸""自己收拾玩具"等，他每说一样，你就在纸上将他说的记录下来，以示重视。最后，你就可以按照他说的，设计一张表格，将内容填进去，以作为日后检查和督导的依据。如此，一项由孩子亲自参与制定并乐于执行的规矩，就这么正式提上日程了。

教导孩子进行自我管理

3 岁左右的宝宝，眼中万物都是富有生命的，父母可利用他们的这一属性，巧妙地培养他们的自我管理意识。

比如，很多孩子都把玩具当活物对待，给洋娃娃洗澡、洗头、打针、喂饭，那么，如果孩子在游戏之后，把玩具横七竖八地丢在一边不管，父母就可以问他："你都要睡觉了，可你的娃娃还没回到自己的'房间'呢，怎么办？"这么一说，孩子就会很主动地在睡觉之前把他的玩具送回"房间"了。

充分发挥父母的榜样作用

在培养孩子一切习惯的过程中，再多的规矩和技巧都不如父母在生活中对孩子潜移默化的影响。父母干净整洁，做任何事情都遵守规矩，孩子肯定也差不到哪里去。如果父母邋里邋遢，孩子也很难很好地进行自我管理。

总是以摔门或摔其他东西发泄愤怒情绪

案例1

星期天，爸爸妈妈准备带3岁的西西去旅游区玩儿。一早起来，妈妈就开始准备去游乐场的东西。西西非常兴奋，也早早起来，一直跟在妈妈身后转来转去，催促妈妈快点儿收拾，恨不得马上就飞到旅游区去。收拾好食物，妈妈又在准备帽子、帐篷等防晒用品。"妈妈，能不能快点儿呀？"对于还不能出门这件事，西西表示很不耐烦。好不容易东西都收拾好了，临出门时，爸爸却接到单位电话，说临时有急事，必须赶去处理。西西知道后彻底生气了，一摔门，把自己关进卧室，任凭爸妈说什么都不愿意打开门。

案例2

3岁的磊磊在客厅玩儿玩具，妈妈则在厨房忙着准备晚餐。玩儿了一会儿，磊磊感觉没意思了，便跑进厨房，抱着妈妈的大腿要求抱抱。妈妈说她在忙，要求儿子稍微等等。磊磊不听，眯着眼睛假装哭泣。哭了几声，看妈妈忙着顾不上理他，就生气了，一脚把垃圾桶踢出好远。

案例3

外出就餐，小龙看别的小朋友喝可乐，也吵着要喝。妈妈说："妈妈告诉过你，小朋友不能喝可乐，对牙齿不好，长大了才能喝。"

"可为什么那个小朋友就能喝？"小龙一脸的不服气。

"他的妈妈没有很好地教育他，那是不对的，你不能学他。"妈妈仍旧温言细语地劝说着。

"才不是呢，就是你不让我喝！"小龙不高兴了，把手里的勺子狠狠地摔了出去。

这样的场景，在很多家庭中都能见到。孩子一不高兴了就摔门、摔东西，甚至向着大人踢踢打打，孩子的暴躁和固执，让很多爸爸妈妈都不禁担心，我的孩子难道就是这样的性格吗？

其实，父母大可不必为一个3岁孩子的暴躁过于忧心忡忡。常言道，"三岁看大，七岁看老"，虽然3岁这个年龄段对孩子性格的形成至关重要，但人的性格在6～7岁之后才会定型，3岁孩子的性格还有极大的可塑性，父母所认为的自己孩子的"固执暴躁性格"，在学界还只被认定为"前暴躁固执性格"，如果父母能及时察觉孩子的不耐烦，并使用科学的方法对症下药，孩子的性格还是可以改变的。父母不妨借鉴以下几个方法。

1.及时控制事态发展

无论当时的局面多么混乱和尴尬，父母首先要做的，就是保证自己情绪的平稳，不用大嗓门压倒孩子，也不为孩子的脾气而动摇。其次，表达对孩子情绪的理解，并通过模仿他刚才的样子，让他知道自己刚才有多无礼、多难看。"我知道你不高兴，可是你看看你现在的样子，又是哭闹又是摔东西，那么多不认识的叔叔阿姨都看着你呢！"

2.了解宝宝暴躁的原因

以暴制暴是最没道理和最不科学的教育方式，怒气冲冲地质问和责备，不仅不能帮助你了解孩子的真实想法，更会让本来就激动的孩子变得情绪更激烈。所以，如果孩子情绪平稳之后愿意向你述说自己的想法那最好不过，但如果孩子不愿意讲，或是讲不出来，父母就需要通过冷静观察、简单询问和快速判断，来理清孩子摔东西背后的真实原因。

在了解孩子不高兴的原因之后，试着拥抱他，并明确表达对他的理解，这通常能够迅速扭转孩子对你的"别扭劲儿"。比如，"妈妈知道你早就盼着全家出去玩儿，爸爸临时违约的确不对"（针对案例1）"这么久没人跟你玩儿伤心了吧"（针对案例2）。

3.检测孩子的配合程度

经过前两个步骤之后，如果孩子的情绪已经平静下来，父母就可以像什么都没发生过一样，询问他几个问题，或者对他进行一些简单指导，观察他是否配合。如果配合，就可以对他的"摔打"行为进行评价和修正了。

比如，妈妈可以问，"你现在能听我好好说话了吗？"如果孩子点头，妈妈可以说，"好吧，那你过来，我们谈谈"。

4.教会孩子表达情绪的正确途径

设置不同场景，对孩子的情绪表达进行细致规定。比如，对于自己不愿意做的事，要大声说"不"，而不能摔门而去；自己的要求不被别人允许，要慢慢商量，不能用手里的东西去砸别人；遇到自己处理不了的事情，要及时告诉父母和老师等。

5.帮助孩子合理释放压力，不给他的行为贴标签

尽量通过调整周围的环境、改变成人情绪，来帮助孩子释放压力。或者抽时间带孩子去做他喜欢的事，以开阔视野，帮助他调整情绪。另外，对于那些出现过暴躁行为的孩子，父母也不能为了告诫或提醒他就时时将他所做过的坏行为挂在嘴边，避免用"霸道""暴力"甚至"神经"等词汇去给孩子贴标签，要知道，你说孩子是什么样的，他就可能朝着什么方向发展，这并不是危言耸听。

6.父母做榜样，尽量保证心态平和

很多时候，孩子的行为都是在模仿大人。所以，当你指责孩子动不动就大发雷霆，摔门、砸东西时，你也要反思一下自己，是否在烦躁、郁闷或者愤怒时，也出现过这样的行为。只有心态平和、行为举止优雅得体的父母，才能教育出拥有同样品格的孩子，所以父母要特别注意自己的言行，即便在盛怒中难以控制做出了不当行为，事后也要向孩子道歉："爸爸刚才的样子吓到你了吧，我不该摔东西，那是不好的行为，我以后不会了，你要监督我。"

想要什么东西不能等待，不满足就越闹越凶

萱萱是家里的小霸王，只要她想要的东西，一分钟都不能等。她想吃肯德基，马上就要吃到；她想要一个跟隔壁小伙伴一样的洋娃娃，妈妈就得马上带她去买，否则立马生气，哭闹个没完。

3岁孩子对一切有诱惑力的物品是不是都有着深深的渴望？他们几乎见到什么就想要什么，拥有了一个还想拥有另一个，他们的欲望似乎是个无底洞。这让很多父母为之头疼。那么，该怎么办呢？最聪明的做法就是延迟满足孩子的要求。

比如，孩子刚喝过一杯牛奶，又想要吃一支冰激凌。你可以尝试着这样说："宝宝，喝完奶你的小肚子已经装得够满了，再吃冰激凌你的小肚子就装不下了。我们可以把冰激凌留到明天再吃，好不好啊？"给你的孩子一个更好的选择，但是要告诉他需要一点儿时间来等待。

通过延迟满足训练能够让你的孩子懂得：并不是每一样好东西他都必须拥有，即使要拥有，也不是马上就能拥有。同时，还要锻炼孩子的忍耐力，要让孩子明白每个愿望的达成都不是很容易的，通常要经历一些等待和挫折。

父母应该从孩子还小的时候就开始，从生活中的一点一滴开始，以"延迟满足"的方式，全力培养他们的耐心，让孩子学会等待，懂得通过自己的努力，得到自己想要的东西。

尝试着说"等等"，并有意识地让等待时间由短变长

很多孩子，已经习惯了如"小王子""小公主"般的唯我独尊，父母也往往顺应这种宠溺，不忍心对孩子说"不"。可是，在儿童的成长过程中，其负面影响会随着年龄的增长明显地暴露出来。所以，父母还是应该早些狠下心来，尝试着对孩子说"不"和"等等"。

开始的时候，孩子肯定不会接受这样的"拒绝"，父母也难免会觉得残忍，那么，就可以从1分钟训练开始，随着孩子的不断适应和年龄增长再逐渐加长。比如，对于孩子想吃蛋糕这件事，延迟训练刚刚开始的时候，妈妈可以说："请等妈妈一会儿，妈妈洗洗手就帮你去拿。"这个过程不能太长，最好控制在1分钟之内。经过一段时间的训练之后，妈妈的答案就可以变成："你已经吃了很多饭，再等1个小时才可以吃蛋糕，不然肚子会痛。"甚至下一次可以这样说："今天太晚了，吃了对牙齿不好，明天一早妈妈再给你吃。"随着训练的不断推进，父母让孩子等待的时间可以越来越长，孩子们的耐心也会随着等待时间的延长而增强。

表达态度要明确，口气坚决

3岁孩子的内心其实是非常纤细敏感的，他们能非常准确地察觉和抓住大人的内心，并抓住时机，快速做出回应。所以，如果你以商量的口吻问他能不能等等，得到的答案很可能就是一个干脆利落的"不行"；如果你的口气中稍有犹豫或缓和的余地，他就很有可能通过要赖、哭闹来达到自己的目的。所以，爸爸妈妈在要求孩子等待时，必须态度坚决，语气强硬，让孩子觉得没有丝毫可以商量或妥协的余地。比如，你想让他9点钟上床睡觉，那么，在8点50分的时候，你就可以这样要求他："马上就该上床睡觉了，给你5分钟时间收拾好玩具，然后跟妈妈去洗脸刷牙。不能拖拉！"即便他明确表示拒绝，或者以哭闹来"扳回局面"，父母也不要表现得太过在意他们的情绪，要让孩子明白，父母已经做了决定，哭闹也不可能改变。

不是对所有的事情都得"延迟满足"

"延迟满足"是作为一种儿童教养手段存在，并不是儿童教育的目的，所以，爸爸妈妈对于儿童提出的要求，不必全部"延迟"，而是要根据判断，决定哪个可以立刻满足，哪个需要再等等，而哪个又是根本不能满足的。比如，对于孩子渴了想喝水这件事，无论什么境况下，都应该立刻满足；如果睡觉前想吃冰激凌呢？则需要孩子等到白天才能满足；而如果是在孩子身体不舒服的情况下提出，那么，无论如何也不能满足他了。具体情况需要父母自己判断，灵活把控。

做出的承诺必须言而有信

既然是"延迟"，就必须有一个理由或承诺。比如，"等洗完衣服后""等妈妈下班回家后""等天亮以后"……这就要求爸爸妈妈们必须言而有信，不能只是为了延迟一会儿就信口开河，给孩子留下"爸爸妈妈说话不算数，下次再也不能被他们欺骗了"的印象，否则，"延迟满足"不仅没有效果，甚至都无法再顺利推行下去。

如何帮助孩子正确面对焦虑、愤怒和不安的情绪

情绪其实并没有好坏之分，只要是情绪，就都是正常的。正面情绪赋予我们积极的力量，保证我们始终保持前进的状态；负面情绪则可以帮助我们做出反应并采取行动，使我们能够克服那些本不可逾越的障碍和困难。

欣欣妈妈出差了，最想念她的，当然是那个整天黏着她，恨不得一分钟都不和她分离的宝贝女儿。

这天，欣欣正在高高兴兴地看动画片，可当电视中出现小白兔采摘萝卜，说要带回家给妈妈吃的画面时，欣欣的表情就凝重了起来，她说："妈妈要是没吃饭怎么办呀？"前一秒钟，欣欣还兴致勃勃地听爸爸讲故事，抬头看到窗外天黑了，便有些悻悻然地说："天黑了，妈妈看不见路了。"……欣欣那颗小小的心，一直都在牵挂着妈妈，她努力克制情绪，没有用哭泣表达，却也难掩自己心里的那份不安。

正如案例所示，孩子也和成人一样，要面对各种各样的负面情绪。比如上例中的女儿与母亲分离，或者害怕天黑，被小伙伴欺负，受到不公正对待，等等。这些情绪往往是人类无法控制的，但能够丰富人类的情感结构。作为家长，对于孩子的所有情绪都要善于接受和引导，不能只允许孩子笑，却不准孩子哭，把负面情绪当成坏的事情进行压制，希望孩子在所有失望面前仍开开心心的，这不科学，也不公平。

当然，接受孩子的负面情绪是一个方面，但同时父母也要明白，如何帮助孩子正确面对这些焦虑、愤怒和不安的情绪，这是一个漫长的过程。除了要接纳他们的焦躁，更要善于把握孩子的每一次情绪变化，以科学有效的方

式，将其变为孩子人生中难能可贵的成长机会。

孩子情绪波动时，为他提供情绪发泄渠道

谁也不喜欢面对他人的眼泪，做父母的更是不愿意看到孩子哭。

当孩子被负面情绪控制，发脾气或哭闹起来时，父母常常在由愤怒、无奈、手足无措和心疼所交织的网里，第一反应往往是想法设法阻止孩子哭泣："有话说话，不要哭了！""能不能不要哭了？""只要不哭，你说什么妈妈都答应你"……

可是，回想一下我们大人也都有过的不安和哭泣的经历，是不是那种曾堵在我们胸口，让我们窒息的感觉就因为哭泣而被释放了呢？哭泣之后，原本紧张的身心也一点点放松下来。可见，发脾气或哭泣，也是一种合理的情绪发泄渠道，同时，孩子冲父母发脾气或哭泣，也表明孩子对父母的信任。那么，如果在时间允许且环境适当的情况下，父母何不成为孩子情绪的"垃圾桶"，有效地帮助他们缓解紧绷的情绪。

帮助孩子用语言抒发情绪

研究显示，一个人如果能够以合适的语言，充分、准确地表达自己的情绪，那么他的神经系统自然就会放松下来。父母在日常生活中，就可以有意识地引导孩子正确认识情绪，并教会他们正确表达情绪。比如，在孩子因为被小伙伴抢走玩具哭泣时，父母可以帮助他了解情绪自己的情绪："你觉得很生气，是不是？"再比如，当孩子因为各种情绪交织在一起而摸不着头脑时，父母就要及时引导孩子，让他知道这是正常现象，并学会描述此时的感觉："明天第一次去幼儿园，你会觉得又兴奋又害怕。"

当然，在孩子没办法准确表达自己情绪的时候，父母的猜测不一定对，所以，父母在引导孩子用语言表达情绪的时候，重点并不是帮他去定义情绪，而是帮他丰富情感表达的词汇，让孩子慢慢实现正确表达。

引导孩子合理释放和转化负面情绪

除了发脾气和哭泣，父母可以根据孩子的年龄特点，向他传授一些更为科学和有益的情绪释放方式。比如，喊叫——身体在发力之后，势必会轻松下来；运动——运动会促使人体产生一种叫多巴胺的物质，多巴胺则能够让人快速兴奋和快乐起来。

而负面情绪的转化，则是父母需要学习的更高阶课程。在儿童教育中，"借想象满足孩子的愿望"是一个普遍推崇的转化儿童负面情绪的方法。具体操作方法是，假如孩子是因为和小伙伴发生冲突生气了，父母就可以引导说："妈妈知道你最好的小伙伴打你了，你感到失望、难过，不想再和他做朋友了。可是，想象一下，如果你们现在能一起回到和他打架之前，他是不是就能看到你不是故意把他的玩具扔掉，而是不小心碰掉了，那么，你们俩是不是就不会发生冲突了？"这样设想之后，孩子就会迅速走出负面情绪的阴影，并在积极状态下思考你给他提出的解决之道。

另外，全身心投入自己喜欢的事情中，也不失为一种转化负面情绪的有效方法。人在做自己喜欢的事情时，注意力往往能够快速集中，也能很快地从焦虑、愤怒和不安等负面情绪中走出来。

第七章

吃饭像打仗——
如何让孩子好好吃饭

说起吃饭，很多父母都满面愁容。孩子不爱吃饭、不好好吃饭、偏食挑食、一吃饭就得端着饭碗到处追……孩子不好好吃饭，就不能很好地长身体。为了孩子的身体健康，父母劝说、哄骗，甚至威逼利诱，真是尽其所能，但效果却往往不尽如人意。孩子为什么对吃饭就是不感兴趣呢？如何让孩子好好吃饭呢？

孩子对吃饭不感兴趣，原因是什么

一说到吃饭，囡囡妈妈就特别犯愁。

为什么？"不好好吃啊！"为了让女儿好好吃饭，囡囡妈妈问专家、查菜谱，变着花样地给囡囡做菜，可不论饭菜多么精致，女儿都是吃一两口就跑开；爸爸为了让女儿均衡营养，不厌其烦地给她讲这道菜能助她长高，那道菜富含什么营养，可遇到自己不爱吃的食物，囡囡仍旧紧闭嘴巴一口都不肯吃，就算今天的菜好不容易对了囡囡胃口，可坐到餐桌前的她，仍旧一手玩具一手餐勺，吃几口就得玩儿一会儿，一顿饭吃完，要一个多小时，而且还得把餐桌搞得一团糟……

囡囡的状况，想必很多父母都不陌生。不爱吃饭、不好好吃饭、偏食挑食、一吃饭就得端着饭碗到处追，说起吃饭，很多父母都满面愁容。不好好吃饭，就不能好好长身体，为了孩子的身体健康，父母劝说、哄骗，甚至威逼利诱，真是尽其所能，但效果往往不尽如人意。孩子为什么对吃饭就是不感兴趣呢？

孩子不愿意吃饭，如果不是因为身体不舒服，父母不当的喂养方式则是造成这一现象的主要原因。

有的父母总担心孩子吃不好，甚至吃不饱，影响身体发育，便想方设法让孩子多吃点儿，殊不知，这种填鸭式的喂养方式却让孩子患上了"心理厌食症"。其实，孩子从出生之日起，就对自己的饥饱有着非常清晰的判断。以母乳为主食的阶段，宝宝吃饱了，就会自动停止吮吸，进入睡眠状态；再稍稍大一些，即便仍旧无法用语言表达自己的感受，感觉自己吃饱了，宝宝也会把头扭向一边拒绝进食，他用身体语言告诉父母"我吃饱了"。可是，有的父母总是不信任孩子的这些表达，害怕他的营养跟不上，在孩子表示吃饱之后，还要求他再多吃半碗，甚至在孩子看电视或玩耍时，父母也要趁机喂他一些食物，以为这样孩子会对他的成长发育有所帮助，可是，在孩子不愿意进食，特别像上述第二种情况中的不主动进食时，大脑不能产生接受食物的信息，口腔就不会有敏锐味觉，消化系统也就不会产生消化食物的消化液，那么，就算食物进了肚子，也不能被人体很好地吸收。如果孩子一直处于这样的喂养方式之下，食物在胃中不能很好地消化，导致长期积食，人体消化系统功能就会紊乱，孩子就更不愿意吃饭了。

进食环境对孩子厌食现象的产生也有着非常重要的影响。大人在人多嘈杂、环境混乱的地方尚且没有很好的胃口，孩子就更不可能在有人打电话、有人抽烟喝酒、有人大声聊天的状态下很好地进餐了。甚至还有一些父母为了孩子能乖乖地坐在桌前吃饭，便故意在吃饭时给孩子看他喜欢的动画片以吸引其注意力，长此以往，孩子就会形成吃饭时必须看电视的习惯，对其身心健康必然会产生不好的影响。

造成孩子不爱吃饭现象的原因还有家长的娇惯。有些父母觉得，既然孩子不爱吃饭，那就找些他愿意吃的来，他喜欢吃什么就给他买什么。于是，在过多甜食、糖果以及零食的包围之下，孩子的胃一直处于饱腹状态，到了饭点儿出现不饿的状况也实属正常。而且，零食中过重的口味和过多的香精，也会让孩子产生依赖性，从而觉得普通饭食"不够香"。

此外，不规律作息也是导致儿童厌食的重要原因。学龄前的儿童消化系统发育不完善，胃容量小、消化酶和胃酸比成人少，胃部对食物的适应性也比成人差很多。所以，如果孩子的饮食不定时、不定量，睡眠不足、缺乏活动，或者太专注于玩耍的话，就会影响到他肠胃功能的正常运转，从而出现食欲不佳的现象。

让孩子拥有对食物的自主权

通过上一节的讲述，我们了解到父母的不当喂养方式才是造成孩子厌食的"罪魁祸首"之后，改变喂养方式，让孩子成为吃饭这件事的主人，便成为父母亟待解决的问题。

父母该如何改变喂养方式，将吃饭的自主权交还到孩子手里呢？不强迫孩子进食，是父母需要改变的主要方面。

我们已经说过，孩子有自己的饥饱感，所以，父母只要掌控孩子什么时候吃、吃什么就好，而将吃不吃、吃多少交给孩子自己掌握。

第一，父母要给孩子提供口味丰富又营养均衡的各类饭食，当然，必须保证足量。这样，孩子才能在饭食足量、口味适宜的情况下，在他身体需要的范围内既不多又不少地吃饭。饭后，父母也可以给孩子提供一些水果，水果的种类和数量也要交由孩子自己掌握，这样，才能既保证孩子爱吃饭，又保证他能获得身体成长所需的各种营养。

第二，孩子的饭量并不是固定不变的，父母不应该以自己的想法去估量孩子的食量。不要死板地认为，如果孩子今天晚上吃了一碗饭，那么，他明天晚上也必须吃一碗饭才能吃饱。实际情况是，孩子身体所需的能量每天是一定的，如果孩子第二天中午吃得很饱，下午又没怎么运动，那么，晚餐时吃不了一碗饭就是正常的，父母不能自作主张给孩子过量喂饭。

第三，如果孩子已经养成吃零食的习惯，父母要狠下心来扭转局面。给孩子规定明确的吃饭时间，以及吃饭时候的规矩，比如不能边吃边玩儿，不能边看电视边吃饭，必须在40分钟以内吃完，否则收走饭碗，等等。如果孩子不愿意好好吃饭，就必须依约把食物收走，同时也要把孩子的所有零食收起来，直到下一餐开饭前，坚决不能给孩子吃任何东西。

不要因为担心孩子会饿着，就给孩子加餐，甚至打破饮食结构，满足他那些不健康的食物需求。即使是看起来还很小的孩子，他的身体也会进行一定的能量储存，所以，父母不要觉得孩子一顿、两顿没吃，就怕他饿着，或者担心影响身体发育，其实，在孩子真正饿到没办法的时候，他是会主动将食物送进嘴里的，切莫顺应他的任性，满足他那些不合理要求。

第四，在交还宝宝对食物主动权的这件事情上，家庭成员必须观念一致，想法统一。家庭教养方式一致，是培养孩子良好习惯的关键因素，不能父母觉得孩子自己能管理自己，在吃饭这件事上给孩子足够的主动权，而祖父母却觉得孩子太小，什么都不懂，即便吃饭也必须依大人的想法才能健康。这样，就可能出现父母照顾孩子时，由他自己掌握吃多少，而在祖父母照顾孩子时，却一味劝说孩子多吃，不仅不会对孩子的健康有好的影响，甚至还会让孩子对吃饭究竟吃什么、吃多少这件事产生迷惑。

如果家庭成员有人心软，看不得孩子挨饿，在孩子不想吃饭时就给他吃零食作为补充，那么，永远也改变不了孩子的不良饮食习惯。

什么时候开始吃——培养孩子健康的饮食习惯

刚刚进入幼儿园的彭波，给老师带来了不少困惑。最令老师头疼的，居然是他的吃饭问题。

彭波的爷爷和爸爸都是独子，到他这儿三代单传，全家六个大人都围着他转，要多娇宠有多娇宠。彭波的饭量一直很小，甚至还不如同龄孩子的一半多，于是，为了让他吃饭，大人们各尽所能。奶奶是彭波的"御用大厨"，她觉得孙子身体不好总是生病，就是因为吃饭少，所以，不管彭波想吃什么、什么时候想吃，奶奶二话不说就系上围裙进厨房，哪怕晚上10点，都能按彭波的要求做出一桌他喜欢的饭菜来；妈妈则是彭波的忠实"随从"，为了让儿子吃饭，她天天端着饭碗在儿子身后追啊赶啊，一顿饭能喂一个小时。而且，只要儿子想吃饭，不管何时，她都立马端起饭碗"上岗"，时刻以儿子能够多吃饭为己任。

可是，上了幼儿园之后，彭波"小少爷"一般的待遇可就没办法延续了。老师要管理很多小朋友，根本没有精力用一个小时的时间追着彭波喂饭，而且，幼儿园有自己的管理方式，不会让彭波随时饿随时吃。所以，开学还不到两个星期，彭波妈妈就因为儿子每天在幼儿园吃不饱饭找到了幼儿园，双方协商许久，最终也没能找到有效的对策。

孩子是否拥有良好的饮食习惯，不仅关乎孩子肠胃功能能否完善发展、身体能否在营养均衡的状态下健康成长，还直接影响到他的社会化进程。就像案例中的彭波，如果一个孩子能从小养成有规律的、愉快的、不挑剔的饮食习惯，那么，他在初入社会之时，就能很快适应，不会因为感受到太多不适或不悦而直接抗拒。

在培养孩子良好饮食习惯方面，父母要从哪些方面入手？又有哪些地方需要注意呢？下面，我们就给父母归纳了"五要"和"五不要"，希望能够对孩子的成长有所裨益。

一要按时用餐，不要在餐间吃零食

即便是三四个月的婴儿，喂养也要定时，何况是3岁的孩子。

一般情况下，应当让3岁的孩子养成有规律的饮食习惯，尽量不要让孩子在餐间吃零食，但可以让孩子在餐间吃些水果。

二要多元化饮食，不要挑食

每餐的食品种类要丰富，这样不仅能提供儿童身体成长所需的各种营养元素，而且能实现食物间的互补作用，因此，不能只关注儿童的喜好或口味，要尽可能地丰富饮食种类，即便是孩子不爱吃的食物，也应该想方设法让他多吃一些。丰富并不意味着要把一大堆食物放在孩子面前，如果选择太多很有可能将孩子引向偏食和挑食。科学的做法是，应该给完一样再给一样，每次不要给太多，待吃完后再进行添加。另外，经常改变烹调方法或食品外观，也有利于刺激儿童的食欲。比如，孩子不爱吃炒芹菜，那么，可以尝试把芹菜打碎和面，给他做芹菜饼吃，也是不错的选择。

三要三餐饥饱适度，不要偏食任何一餐

一日三餐的总能量分配比例应为，早晚餐各为30%，午餐为40%，可见，三餐对人体的重要性几乎是一样的。所以，父母不要觉得早饭和午饭间隔很短，就不注重早餐的品质和营养搭配；或者，想到晚饭后到第二天早上的时间太长，就怕孩子晚上肚子饿而一味地要求他晚上多吃。这些错误的做法都会损害孩子的正常消化功能，甚至造成孩子呕吐或消化不良。

四要清淡饮食，不要嗜好甜食、油炸食品或肉食

最好让孩子进食未经深加工的天然食品，这样会使孩子的味蕾充分发展，避免孩子患上小儿肥胖症、食物过敏症、过敏性皮肤炎等疾病，同时，也避免食用太多添加剂对孩子身体健康造成不利影响。

父母要知道，如果给儿童摄入太多糖或脂肪，不仅会影响他的消化功能，还可能因为热量摄入太高引发儿童高血压、高血脂、肥胖、冠心病等病症。

五要细嚼慢咽，不要狼吞虎咽

食物经过口腔的细致咀嚼，与唾液充分混合，才更有利于人体消化吸收。所以，父母从小就要培养孩子细嚼慢咽的进食习惯，这才能让孩子健康成长。

决定如何吃——吃饭时应有的规矩

场景一

"妈妈，我要吃鸡腿！"

"好，给你吃鸡腿！"别人还没动筷，妈妈就从刚上桌的盘子里扯下一只鸡腿递给女儿。

场景二

宝宝不吃肉，爱吃炒蘑菇。饭桌上，他用筷子在菜盘里翻来倒去，把肉统统扒拉到一边，把他喜欢吃的炒蘑菇放自己碗里。

场景三

宝宝胃口很好，吃饭时狼吞虎咽，嘴里还发出吧唧吧唧的声音。

场景四

宝宝吃饭时不太老实，举着勺子到处扬，每次吃完饭，餐桌上都惨不忍睹。

吃饭是一个人成长发育过程中最为重要的事，可是，大多数父母只关心孩子吃不吃、吃什么最健康、吃了几顿饭、吃了哪几样食物，并尽其所能地想让孩子多吃饭、吃好饭，却往往忽略了孩子"如何吃"这一问题，它对孩子身体健康也有着同样重要的影响，且关乎孩子的礼仪意识和未来的发展。

餐桌上到底应该有怎样的规矩呢？对于不同年龄段的孩子，具体要求是不同的，下面，我们就针对3～6岁儿童，规定了用餐时的具体规矩。

（1）饭前洗手。

（2）坐在餐桌前，脚要放好，上身尽量挺直，与桌子保持适度距离。

（3）吃饭时眼睛要看着碗，一手拿勺（或筷子），一手扶着碗，不能拿玩具等多余的东西，也不能看着电视吃饭。

（4）保持桌面和地面的干净整洁，尽量不把食物掉在桌子上，如果不小心掉落，也要及时收拾扔到垃圾桶里。

（5）用餐时要专心，注意力集中，不能叽叽喳喳地说话。

（6）吃饭时要大口大口地吃，不能把一口饭含到嘴里半天都不咀嚼一下。咀嚼食物时，尽量缓慢、细致，同时紧闭双唇，避免发出多余的声音。

（7）不可以挑食，更不能在盘子里翻来翻去捡自己爱吃的。

（8）不能剩饭，害怕吃不了，就要一点儿一点儿地盛。吃完饭后，将饭碗轻轻放在桌子上，然后自己去洗手，并用毛巾擦干净嘴角。

在对就餐时应有的规矩做了明确规定后，怎样实施又是父母需要面对的一个难题。有的孩子年纪太小，理解不了这些规矩的具体意义和操作方式；而有的孩子已经养成了不良的就餐习惯，积习难改，不愿意被父母放在这样的框架下进食。在这样的状况下，除了常规的教导之外，还需要用其他技巧来帮助孩子改正就餐行为。

1.以游戏的方式改正宝宝的行为

比如，面对孩子挑食这件事，你对一个3岁孩子大谈餐桌礼仪、营养均衡这些事，无疑超出了他的理解能力。倒不如利用孩子爱游戏的天性，把他不爱吃的食物盛在勺子里，伸到他嘴边，假装嘴巴是门，勺子是在敲门。

"咚咚咚，宝宝在家吗？能不能开门啊？"

因为喜欢游戏，孩子肯定会张开嘴巴，回答在家，父母便可趁机将他不喜欢的食物顺势送到他嘴里。只要游戏进行得有趣，第一口之后，孩子肯定还会主动要求："妈妈，我在家呢，你快再来敲门。"

2.妙用儿歌

对孩子进行吃饭训练时，可以用已有的儿歌，或者自己编写一些简单儿歌，来帮助孩子牢记关于吃饭的种种规矩。

比如，《吃饭歌》——右手拿勺，左手扶碗。两腿并并好，身体往前靠。一口饭，一口菜，宝宝吃得好。或者，父母也可以根据自己孩子的具体情况，随机地编念一些儿歌，也能对孩子的进餐产生很好效果。

3.巧妙比喻和适度夸张

在孩子的世界里，万事万物都是有生命的，如果父母能巧妙运用这一特性，将吃饭这件枯燥的事情也变得生动活泼起来，孩子自然就能在娱乐中严守规矩。比如，针对孩子吃饭不专心、速度慢这件事，父母可以假装说："我看看谁吃饭快，吃饭快的就是大老虎哦。"同时，假装在家庭成员中间看啊找啊，同时嘴里说着："嚼啊嚼啊，我看看谁是大老虎？"以催促孩子集中注意力，专心吃饭。

4.父母要做好榜样

我们反复强调父母是孩子的第一任老师，试想，如果父母在吃饭时细嚼慢咽、不多话不偏食，同时又能够做到勤俭节约，不剩饭、不浪费，孩子自然会耳濡目染，在潜移默化中形成良好的进餐习惯；相反，如果父母在饭桌上狼吞虎咽，聒噪无比，想吃什么就一筷子全夹到自己碗里，不想吃的东西就扒拉到一边碰都不碰，你又怎么能要求孩子在餐桌上成为一个讲礼仪、守规矩的人呢？

应对孩子挑食的技巧

挑食是孩子进餐中常见的问题之一。挑食会引起儿童营养摄入不均衡，影响儿童身体健康成长。那么，孩子为什么会挑食？父母又应该以怎样的技巧来应对他们的"挑剔"呢？

宝宝挑食的原因

1.长期饮食单调

长期饮食单调，通常会引起两种结果，一种是总吃一种食物，吃太久，直到吃腻烦，最后便对这种食物抵触；另一种是习惯一种口味或口感，导致非常排斥这种口感或口味以外的食物，比如，有的孩子小时候总跟着祖父母吃口感较软的东西，以后便慢慢变得不喜欢硬的食物。

2.受到家长偏食的影响

家长是孩子最亲近的人，家长的饮食习惯会时刻影响孩子，并使孩子在不知不觉中形成相似的饮食偏好。比如，有的妈妈不爱吃肉，饭菜里也尽可能地少肉，长此以往，孩子就会变得非常排斥食用肉类食品。

3.爱吃零食，过多吃零食

有的孩子爱吃零食，父母又对其娇纵，于是，他们每天都要在两餐之间吃一堆的薯片、饼干、巧克力等零食，饱腹感会让他们在面对一桌子饭菜时变得挑剔起来。另外，零食中含有大量人造香精，会给味觉带来一种冲击和愉悦体验，因此，总吃零食的孩子必然会觉得普通食物不够美味而导致挑食。

4.家长过分迁就

有的家长太宠孩子，只要孩子高兴就不管不顾无条件迁就，如果孩子不爱吃青菜只爱吃鸡肉，就想方设法烹制鸡肉。长此以往，孩子必然对厌弃的食物越来越厌弃，挑食现象也就愈发地严重了。

5.不良的饮食习惯

有的孩子习惯边看电视边吃饭，而这样的进食方式会分散他的注意力，无法让他专心吃饭。还有一些家庭，过分看重孩子吃饭这件事，他送进嘴里的每一点食物，父母都要仔细盯着，慢慢地，孩子就会将吃饭当成要挟大人的手段，当孩子觉得自己不够被重视，或者想达到某种目的时，便以不好好吃饭作为手段，以吸引大人注意或满足自己的要求。

那么，该如何改变孩子的偏食、挑食的习惯呢？

首先，父母要以身作则，不偏食，不挑食，不告诉孩子什么好吃，什么不好吃，避免对孩子产生不当诱导。另外，也绝对不要在孩子吃饭时批评他，以免因为孩子情绪不快影响进食。

其次，在饭菜品种的多样化、多变化及合理搭配上下功夫。很多孩子都不喜欢吃蔬菜，尤其对清炒的蔬菜不感兴趣，那么，父母就可以放弃清炒，尝试爆炒或者糖醋的方式试探孩子的口味。或者，也可以在调料中有所变化，比如，凉拌蔬菜时在里面加一点儿番茄酱，既可以调节口味，又能够给孩子补充身体成长所需的多种营养。另外，也可以尝试着改变食物的外形，孩子总是容易被形状和颜色有所不同的物体吸引，所以，如果孩子拒绝吃蔬菜，那么，就可以用食物在盘子里"作画"，比如，用西兰花摆出树的形状，用西红柿做成太阳，用胡萝卜做成树上的花，孩子看到这样一幅"美景"，自然会因为新鲜和好奇吃下去的。

再次，不放纵孩子。当孩子开始表现出对某种食物的厌弃时，父母坚决不能承认这种行为的"合理性"，因为，如果他不喜欢什么食物你就不再给他吃，他就会以为这种选择是他所具有的权利，慢慢地你就会发现，他不喜欢吃的食物会越来越多。对于孩子喜欢的食物也是同理，爱吃的食物可以适当让他多吃些，但一定要有所控制。

最后，以孩子喜欢的方式向他传递有关不挑食的道理。如果单纯想以命令或指责的方式扭转孩子挑食的习惯，收效甚微，一是他听不懂，二是他不愿意听。如果在孩子吃饭时，用比赛、游戏的方式来激发他的好胜心，纠正他的偏食、挑食行为，则更为有效。

第八章

孩子总是不好好睡觉——
爸爸妈妈怎么办?

睡眠对于孩子来说是非常重要的。孩子在睡眠时生长激素分泌增加,这样比较有利于身体和脑功能的发育。睡眠充足的孩子玩儿起来也会精力惊人,情绪愉快,吃东西也香甜,长得也壮实;睡眠不好的孩子则会用烦躁易怒来折腾妈妈,也不爱吃东西,体重增长缓慢,容易生病。所以,良好的睡眠习惯对孩子的健康及成长至关重要,父母一定不能忽视。

第一个问题："为什么你的孩子不肯睡觉？"

明明已经困了，可偏偏强睁着眼睛不愿意闭上，本来说好讲两个故事就睡觉，可是故事已经讲了五个，他仍旧精神饱满、目光炯炯，要求再讲几个。你搂着他哄他睡觉，都把自己哄睡着了，可他依旧伸胳膊蹬腿精神得很……

孩子经常到了该睡觉的时候仍旧不愿意睡，这是一个让很多父母都头疼的问题。众所周知，睡眠是儿童成长发育的一个重要环节，儿童的大脑发育，很多时候都是在看似悄然无声的睡梦中进行的。清晨或午后，宝宝在充分休息之后便会精神百倍、神清气爽，更乐于也善于学习、参与社交活动。可如果孩子睡得少或者睡眠质量不高，便会表现出烦躁不安等情绪，长此以往还将直接影响孩子身体的健康成长。那么，有的父母不禁要问了，我们的孩子到底为什么不肯睡觉呢？

案例1

牛牛人如其名，活泼好动，天天都像个小牛犊一样仿佛有使不完的劲儿。可是一到睡觉时间，牛牛的节奏就慢了八拍。让他赶紧收拾玩具上床，他就慢吞吞起来，心不在焉地摆弄玩具，精神却全部集中在电视上；收拾完玩具，也还是赖在电视机旁不走，要求"再看5分钟"；好不容易躺在床上了，却要求讲完一个故事再讲一个。

问题分析

幼儿期间的宝宝，正处于对外界充满强烈好奇心和探究欲望的时期，故事书、动画片、电视剧，哪怕一个被想象成火车头的塑料瓶，都比睡觉更有吸引力。这一时期的孩子很贪玩，但看似贪玩的他们，其实是在学习和探究。

对策

对于这类宝宝，建议父母先坚决掐断诱惑源，这样，他才会心甘情愿地躺到床上去。像案例中的牛牛，让他收好玩具和不看电视，对他而言实在太难，应该由父母代劳。在孩子象征性地收拾一两件玩具后，父母就可以代替孩子快速收好东西，并语气温柔且坚定地询问他："该关电视睡觉了，是你关还是我关？"对于他没完没了地提出讲故事的要求，父母也必须规定数量，讲完了就该坚决让他睡觉。

案例2

每天一上床，3岁的龙龙就开始"找事儿"了。

"妈妈，我要喝水""妈妈，我想尿尿！""妈妈，我不想盖这个小被子，想盖上面有大狗熊的那个！""妈妈，我又想尿尿了！""我能不能再喝一口水？"……

问题分析

除了好奇，幼儿阶段的宝宝还有一个明显特点，就是容易兴奋，抑制力差。这并不是宝宝性格方面出了问题，最根本的原因，在于他们大脑皮层发育不完善，在经历一天的活动之后，虽然夜幕降临，他们却没办法让自己疲劳的神经系统放松下来，还是觉得只有不停地动才会舒服。

对策

如果家里有这样爱动爱闹的宝宝，想让他们入睡，全家人最好都能调成"静音"模式，不高声攀谈，更不能从事比较喧嚣的活动，比如打牌、看电视等，并且尽量关掉所有大灯，以避免刺激宝宝容易兴奋的神经。另外，父母也注意不要让宝宝在睡前玩儿得太兴奋，同时要有意识地增加他们白天的活动量，这样他们在入夜后能快速产生睡意。

案例3

在童童爸妈看来，童童不愿意睡觉的理由有些无理取闹。

"老师今天在幼儿园说我不乖，我不想睡觉！""你刚才给我刷牙弄疼我了，我不想睡觉！""妈妈今天是最后一个到幼儿园接我的，我不想睡觉……""这些问题跟你不想睡觉有什么关系啊？"爸爸妈妈对于童童不想睡觉的说辞既生气又无奈，纠缠到最后，常常是爸爸妈妈发了脾气，童童流了眼泪，然后一脸委屈地抽泣着睡去。

问题分析

从行为上看，童童这样的孩子就是任性，就是不听话。可是，她的行为真的用任性或不听话就能够概括吗？其实不然，如果你能听到童童的心声，在她那些奇怪的理由背后，所传递的却是这样的信息："妈妈，老师今天说我不乖了，在你眼中，我不是这样的吧？""妈妈，你能不能对我温柔一点儿。""妈妈，我最爱的人就是你……"童童以为她说出了那些奇怪理由之后，爸妈就会懂得，你们的女儿有多爱你们，有多渴望得到你们的安抚和肯定，你们应该知道了吧？可问题恰恰就是很多父母不知道。

对策

对于这样的孩子，父母确实需要加大对他们的关爱了。不妨在和他们共处的那些时间里，多给予他们拥抱、抚摸和语言上的肯定，不要等孩子因为觉得自己不被重视，甚至不被爱，而用不睡觉的方式或用那些看似奇怪的理由向父母传递抱怨情绪时才明白。

第二个问题: "为什么你的孩子常会半夜醒来哭闹?"

案例1

冬冬已经3岁了,可一点儿都不比婴儿时省心,因为他晚上还是睡不了整觉。

几乎每个晚上,冬冬都会在半夜惊醒,闹着喝奶粉,或者要大人抱着去客厅走走。周末的时候,爸爸妈妈带他去游泳,他玩儿得很尽兴,也很累,晚上不到9点钟就自己睡着了。家人都以为冬冬这么累,晚上全家人肯定都能睡个好觉,没曾想,凌晨4点多的时候,冬冬又醒了,哼哼唧唧地一会儿要抱抱,一会儿要吃饭,折腾了一番,把全家人都闹腾清醒了,他却沉沉睡去。

案例2

刚满3岁的青青,正式背起书包进入幼儿园。

青青是个乖巧懂事的孩子,经过一个星期的适应,她去幼儿园就已经不再哭哭啼啼了,每天早上,能高高兴兴地跟送她去的爸爸或妈妈说声"再见",晚上放学也不像别的孩子边等边哭,而是平静地询问老师"爸爸妈妈为什么还不来?"。

可是,最近一段时间,青青却总在夜里突然哭泣起来,问她是饿了、渴了还是哪里不舒服,她也不吱声,只是烦躁不安地哭着,赖在大人身上不下来。

像冬冬和青青这样的情况,在3~6岁儿童中并不少见。白天乖巧伶俐,可一到晚上就烦躁不安,哭闹不止,人们习惯将这类孩子称为"夜啼郎"。那么,孩子为何会在成长过程中出现夜里啼哭的现象呢? 有以下几种原因。

孩子在白天受到了不良刺激

3岁孩子在睡眠中突然惊醒,剧烈哭闹,可能是由于在白天受到了不良刺激，比如：

看了可怕的电视节目，心神不宁。

睡前活动剧烈，过度兴奋，造成身体不适。

经历了一些害怕的事情，如看病打针、接种疫苗、从高处跌落等。

父母要注意平时不要让孩子看过于惊险的动画片和其他电视节目；不要给孩子讲可怕的故事；不要在睡前吓唬孩子，如"你再不睡，小老鼠就会出来咬你"等，以免刺激孩子，出现夜啼的情况。

白天运动不足，或运动过量

有的孩子白天活动不足，夜里精神百倍，睡一会儿就醒来哭闹；还有些孩子，白天活动量太大，导致夜晚膝盖、腿骨等出现生理性疼痛，引发哭闹。这些情况都需要父母有针对性地调控其活动量，保证孩子科学、健康地运动。

睡眠时间安排不当

有的父母没有引导孩子形成良好的作息习惯，早上起得晚，下午两三点钟才睡午觉，白天睡太多，晚上自然睡不好；或者晚上入睡太早，半夜就容易醒来；甚至有些孩子对自然环境不适应，黑白颠倒，白天睡觉，晚上兴奋。对于因没有形成良好作息习惯的孩子，父母应及时调整，有意识地让他早睡早起，中午尽量在12～13点哄他睡觉，控制好白天睡觉的时间和量，孩子才能从晚上安稳地睡到天明。

不良的睡眠习惯

有些父母过于溺爱孩子，在孩子婴儿时期，习惯以搂抱、拍晃、抱着走动甚至以让孩子含着奶头的方式哄着入睡。这就使孩子潜意识中将父母的这些溺爱当成睡觉的伴随条件，当孩子长大一些后会对这些条件产生惯性依赖。孩子在睡眠周期之间醒来时，有良好睡眠习惯的孩子会不声不响地继续入睡，而有睡眠伴随条件的孩子却需要父母的拥抱、拍晃才能入睡，不然就会哭闹不止。针对这类孩子，父母要有耐心培养孩子自己入睡的习惯，即便他不满意哭闹，也坚持用语言和表情予以安慰。当然，也可以把孩子抱起来一会儿，如果放下后还哭，就让他哭一会儿再抱起来，直到让孩子觉得即便再哭"爸爸妈妈也不可能抱着我、晃着我睡了"，他们就会自己入睡。一旦孩子养成自己入睡的习惯，夜间就会睡得很好。

宝宝哭闹时通常应该做出的反应

夜间宝宝哭闹，父母最好不要立即去哄，而是要等待几分钟，通常情况下，他哼唧几声就能自己入睡。可如果孩子不停哭闹，且有愈演愈烈之势，父母就应该过去进行安慰，可以逗他玩儿，或者抱起来摇晃，建议以拍打、抚摸等平缓的方法让他睡去。

整理你为孩子设置的睡眠时间与入睡习惯

改善孩子的睡眠时间与入睡习惯是一个系统工程，并不是晚上9点钟睡觉，早上7点钟叫醒那么简单，还需要搭配孩子的日常活动与父母的教养方式，才能事半功倍。

早上7点钟，必须起床

改善孩子的睡眠习惯，首先要从早起开始。一般情况下，3岁大的孩子就要进入幼儿园开始集体生活，所以，必须要求他7点左右起床。而即便孩子还没有入学，或者周末在家的时候，父母最好也能严守规矩，保证孩子7点左右起床，从而让孩子养成有规律的作息习惯。

清晨柔和的阳光，会让孩子立刻精神百倍，而且还能帮助孩子补充维生素D，预防一些疾病。之后，再让孩子吃早餐，能量的及时补充会让孩子获得必要的营养，保持充沛的精力和清醒的头脑。

上午，尽情释放精力

让孩子在白天尽情地玩耍，释放全部精力，是保证孩子早睡早起形成良好生活习惯的重中之重。人的能量总和是一定的，如果在白天里孩子增加了能量消耗，夜幕降临时，他的身体自然就会因为缺乏能量而释放困倦的信号。因此，在阳光甚好且紫外线不太强烈的上午，最适合带孩子进行高体能消耗的活动，比如到儿童乐园、公园或者野外游玩，夏天的时候，游泳也是不错的选择，既祛暑防热，又能很好地达到消耗体力的目的。

当然，外出游玩的时候，妈妈千万记得给孩子擦上儿童专用的防晒霜，以免紫外线过敏或晒伤。

日光最强烈的时候，午睡

中午12点到下午2点，往往是紫外线最强烈的时候，利用这个时间段，父母就可以和孩子一起睡个舒适、安静的午觉，对经过一上午活动而变得有些疲倦的身体，进行简单的调整和恢复。

相对于大人而言，孩子的睡眠肯定要稍微多些，但这并不意味着父母就可以任由孩子肆意睡，如果孩子的午休时间超过3个小时，势必会对他夜晚睡眠的质量造成影响。

这里也需要强调一点，夏日午休时，爸爸妈妈们大多会利用空调或风扇为孩子祛暑，但千万不要对着孩子直吹，同时也要注意通风，防止病菌和细菌污染室内环境。

午觉后，让孩子继续活跃起来

在孩子睡够两个小时的时候，就应该将他叫醒。让他进食一些水果或糕点之后，可以让他在室内继续玩耍，比如做游戏、搭积木等。父母也可以陪孩子做一些不太剧烈的活动，如散步、外出购物等，但无论自己有多忙，父母都要保证对孩子的陪伴，不能为了让孩子保持安静，就整天开着电视给他看，以免让孩子变得兴奋，从而影响睡眠质量。

晚上睡觉前，要有固定步骤

睡觉也有步骤？是的，没错，父母的确要给孩子的睡前活动"规定动作"，并和孩子一起，按照步骤严格执行。

洗澡，对调整身心快速进入睡眠状态非常有效，我们建议，父母在孩子睡前30~40分钟时给他洗澡。温暖的水流能让孩子紧张了一天的神经快速放松下来，再加上洗澡过程中父母对孩子温柔的按摩或抚触，也能让孩子的心灵感受到安适，自然而然地进入睡眠状态。

睡前故事和睡前的摇篮曲也是非常有必要的。睡眠其实是一项非常需要专注力的活动，当爸爸或妈妈轻柔的声音在孩子耳边响起时，他便会快速沉浸在故事中，"白雪公主吃了毒苹果后会怎么办""美人鱼失去双脚后有没有被王子认出""拇指姑娘真好玩儿，能够在花骨朵中滚来滚去"……在这些童话故事中，渐渐失去意识，陷入沉沉的睡眠中。

除了洗澡和讲故事、唱歌这样的常规活动之外，有的父母还会要求孩子在睡前收拾好玩具，或者把明天要穿的衣服整理出来。不管孩子在睡前有多少套"程序"，但只要父母和孩子已经就此达成共识，并且已经形成习惯，那么入夜后，只要你告诉孩子"该洗澡了"或者"时间不早了，该收拾玩具了"，他的潜意识里就会反应："哦，该睡觉了。"然后意识和行为就会自动调整到"睡眠"状态。

9点钟前哄孩子睡觉

如果想要孩子早起，早睡就变得非常必要，尽量在9点钟之前就开始进入诸如洗澡、刷牙、洗脸、收拾玩具等睡前准备阶段。当然，孩子年龄不同，入睡时间也需要进行相应的调整。像3岁的孩子，无论从科学角度还是身体条件来说，都需要比6岁孩子睡得早，那么，父母就可以观察孩子的疲倦表现，比如揉眼睛、打哈欠等，有所针对地给孩子规定明确的上床时间，并严格执行。

当然，家人也最好能跟孩子保持同一节奏入睡，即便父母还有其他工作，也应该在陪着孩子睡着后再悄悄去做，因为孩子的生活规律也会跟着家人变化，当你要求孩子睡觉时，如果他看到爸爸妈妈也和他一样乖乖躺在床上睡觉了，便会受到睡觉的暗示，从而使入睡变得更为自觉和自然。

如何帮助孩子早点儿上床睡觉

婷婷妈妈的工作非常忙，常常在辛苦了一天之后，还得把工作带回家来做，但婷婷似乎并不愿意给妈妈这个时间。

婷婷白天上学，一整天见不到妈妈，晚上见到妈妈后像只小袋鼠一样缠着妈妈。妈妈希望女儿能早点儿睡觉，一方面是为孩子的健康着想，另外自己也能抽出时间完成工作，或者看看电视读读书，做点儿自己的事情，可婷婷完全不愿意配合。每天晚上9点钟上床后，婷婷妈妈都要一个接一个地讲故事，最后好不容易从没完没了的讲故事中脱身出来，却又陷入另一场麻烦：

"妈妈，我有点儿想上厕所。"

"妈妈，我还想喝口水。"

"妈妈，我不想抱着小鸭子睡，想抱小熊，你能不能给我换一下？"

"妈妈，我睡不着，要不然我们再讲个故事吧。"

这是每天都会发生的事情，而且，等这一切结束，婷婷终于心甘情愿地进入梦乡时，往往已经是晚上10点半以后。婷婷妈妈一声叹息：如何才能让女儿早睡呢？

婷婷的故事其实并不罕见，大多数孩子都存在这样的情况。只要不是他们自己困得睁不开眼睛，就绝对不会如父母所愿，早早上床睡觉。其实，孩子不愿意上床睡觉的原因很简单，那就是不困。那不困的原因是什么呢？教育专家和心理学家都通过研究证明，孩子需要通过玩儿各种游戏来释放大量的精力，不困是因为他们没能将精力充分释放。

对于这一点，过错并不在孩子。一些大人总是习惯将成年人的生活方式套用在孩子身上，希望他们少些"闹腾"，多从事些安静的活动，比如看书、画画、看电视等，这些活动虽然能陶冶孩子的情操，却不能将他们旺盛的精力释放。另外，在城市中长大的孩子，也因为家庭生活空间有限，无法肆意追逐、奔跑，即便去了幼儿园，有了更大空间和更多可以一起玩闹的伙伴，老师也会因为担心孩子的安全，而限制他们的活动。所以，一天下来，很多孩子的精力和体力实际上根本无法充分释放。而晚上回家后，他们在饭后进行的一些活动，比如看电视、做游戏或者进行一些剧烈的活动都会使他们的神经处于高度兴奋状态。而孩子们尚未发育完全的大脑皮层一旦兴奋起来，就需要很长时间才能抑制下去。所以，孩子迟迟不愿入睡，也就不足为奇了。

那么，在从孩子的生理和社会活动角度了解了他们不愿意早睡的原因后，父母该如何帮助孩子早点儿上床睡觉，就变得简单起来。

方法一：放手让孩子充分"动起来"

带着孩子一起投入广阔天地中去，骑脚踏车、溜冰，在宽阔的地方追逐、奔跑。如果活动场地足够宽阔，且没有乱石、深水、过往车辆等可能给孩子带来危险的因素，就可以放手让孩子肆意地玩儿。如果活动场地不一定能保证安全，那就带孩子在家里玩儿。在有限的空间内，尽量释放孩子的精力，比如和孩子进行跳房子、捉迷藏、跳舞、擦地板等活动。总之，要允许并鼓励孩子充分动起来，父母要做的事，则是充分保证他的安全。

方法二：帮助孩子拓展社交，鼓励他和别的孩子一起玩儿

孩子与孩子之间的嬉戏、打闹，会让孩子更为兴奋，也更容易消耗体力。父母要多带孩子参加社交活动，让他在充分消耗体力的同时，也可以结识更多的小伙伴。

方法三：多进行一些孩子感兴趣的活动

如果孩子觉得活动没意思，势必不会投入太多精力，所以，父母要引导孩子多进行他感兴趣的活动，或者将原本无趣的活动变得有趣一些。比如，孩子肯定不会像大人那样绕着操场一圈一圈地跑，你强迫他，也只能导致他的反抗，可同样是绕圈跑步，如果你能把它变成一次追逐或比赛的游戏，孩子肯定会感兴趣得多。

方法四：临睡前一小时，最好不要安排剧烈活动

在睡前一小时之内，可以让孩子做些安静的活动，以帮助他们抑制活跃的脑神经，促进睡眠，比如看画报、拼图、讲故事，等等。

讲故事和聊天的巨大作用

"妈妈，再讲个故事就睡，最后一个了……"

"爸爸，你再给我讲讲昨天那个小狼的故事。"

"刚才那个故事再讲一遍，还想听。"

"你说，姥姥都两天没见我了，会不会想我呀？"

"妈妈，今天刘思浩上活动课的时候满操场跑……"

睡觉之前，孩子似乎特别有倾听和讲述的愿望，他希望爸爸妈妈能不停地给他讲述那些充满神奇和爱的故事，自己也想把白天听到的、看到的、此刻想到的，一样不落地讲给爸爸妈妈听。诚然，很多年轻爸妈都有睡前给孩子讲故事，或者陪孩子聊天的习惯，但这样的事情如果持续时间太长，有的父母难免会不耐烦。"不就是为了哄他睡觉吗？越聊越精神，那不如不聊了。"可是，睡前给孩子讲故事，或者陪他聊天，好处就真的只在于帮助他入眠吗？

答案是，不止！

好处一：开发智力

孩子在识字之前，能"读懂"的书主要是图画书。然而，图画书并不能全面传达故事内容，而孩子的学习能力、理解能力，需要在后天的培养与教育中提高，那么父母细致地念书，耐心地为孩子答疑解惑，便成为孩子扩大知识面、培养逻辑思维的主要路径。有些孩子话都说不利索，却对知识表现出极大的渴求；还有些孩子与同龄孩子比起来，知识面广、懂得多，这些优异的表现主要源于爸爸妈妈对孩子的早期教育。

早教专家提示，千万不要忽视睡前故事或聊天，它不仅能辅助孩子入睡，更对孩子的智力发展有明显的促进作用。

好处二：加强亲子沟通

睡觉前，无疑是亲子沟通的最佳时间。为什么这么说呢？孩子在白天会比较活跃，很难停歇下来，更别说让他平心静气地和你说一会儿话，或者安静地听你讲道理。可是睡觉前呢？淘气包乖巧得像一只小绵羊，就算你不愿意跟他讲故事、聊天，他也会满脸真诚地缠着你，而且可能为了多听一个故事而答应你的任何要求。所以，父母可充分利用这个时间段，把有教育意义的见闻或故事讲给他听，让他在交流中明白事理，同时提升安全感。

好处三：及时发现并拓展孩子的兴趣特长

在跟孩子聊天或者给他们讲故事的时候，不同的孩子会在各自兴奋的地方有不同表现。像有的孩子对动物表现出浓厚的兴趣，会不停地发问；有的孩子想象力丰富，把一个很简单的故事扩展得如梦似幻。那么，如果父母能在此过程中通过敏锐观察，及时发现孩子的兴趣特长，便可以在日常生活中有意识地就孩子的这些方面进行拓展，对挖掘孩子的潜力、开发孩子的智力，有非常大的帮助。

在讲了这些讲故事和聊天的好处之后，父母能够从哪些方面继续加油努力，以使这两种教育方式更好地发挥作用呢？

方法一：绘声绘色

无论是给孩子讲故事还是描述一件见闻，如果父母在讲述过程中，语言生动、表情丰富，那么，孩子就更容易被大人的讲述所感染，在身临其境的情况下，就更容易去感知、发挥联想和想象。

方法二：故意重复

孩子要想记住一件事情，需要经历聆听、理解、记忆和重复四个阶段。而孩子本身也很喜欢重复"收听"一件事，因为在这样的"循环"中，他们能够在不断检验自己记忆和实现自己期望的过程中获得欢乐。所以，父母不妨选择十几个故事，在一段时间内反复讲给孩子听，也可以要求孩子和自己一起讲，以加深记忆。

方法三：细致启发

在孩子专注聆听的时候，父母也可以在讲述过程中有意识地提出一些问题，以激发孩子的记忆力，拓展他们的想象力。比如，在讲述"三只小猪"的故事时，就可以问他："你还记不记得三只小猪分别盖了怎样的房子呢？"当然，提问以外，引导孩子尝试着自己填充情节或续编故事，也可以很好地培养孩子的想象力和思维能力。

让孩子在夜里保持睡眠的方法

在人的一生中，有1/5的时间都是在睡眠中度过的，因此，睡眠质量不仅关系到人的身体健康，甚至直接影响着一个人的生活质量。睡眠对大人已然如此重要，对于那些需要在睡梦中长身体、完善大脑发育的儿童来说，则更加重要。但是，有些孩子夜半醒来，不断啼哭，成为令父母既无助又无奈的"夜哭郎"；还有一些孩子，也许是白天受了委屈或承受了太大压力，午夜不断从睡梦中惊醒，让父母担心不已。

孩子睡眠不好怎么办呢？到底有没有什么办法，能让孩子安睡到天亮呢？下面，我们就为陷入苦恼中的父母提供一些行之有效的方法。

方法一：睡前关掉电视

千万不要觉得在睡觉前给孩子看电视就能让孩子放松下来，从而轻松入睡。实际上，闪烁的电视屏幕能让孩子看起来变得"呆呆的"，似乎就要进入睡眠状态，其实那只是他们的眼睛变疲劳了，而他们的大脑，此刻正因为引人入胜的剧情而变得异常活跃。所以，不要让孩子看着电视入睡，那样的结果可能适得其反。

方法二：必须按时午睡

孩子整天都在玩闹，体能消耗非常大，白天也应当通过睡眠进行调整。如果他们的调整时间在傍晚，就势必会对他们晚上的睡眠造成影响。因此，最好让孩子在中午养成按时午睡的习惯。这样，既保证孩子下午有旺盛的精力，也不会因为休息时间不当影响夜晚的睡眠。

方法三：在固定时间上床睡觉

虽然孩子在行为上总是表现得没有时间观念，但是他们的身体里有一台运行精准的时钟，什么时候该吃饭、什么时间该睡觉、什么时间该排便，他们的身体都"记录"得清清楚楚。所以，保证孩子每天都能在同一时间上床睡觉，便符合了他们身体的需要，他们的身心自然会进入规律的睡眠状态。

当然，为了让孩子充分放松，周末的时候也可以允许他晚睡一会儿，但其他时间，比如起床时间、午休时间等，还是应该尽量保持，因为生物钟一旦打乱，要进行调整就比较麻烦了。

方法四：固定的上床时间尽量要早

育儿专家经过研究发现，一旦孩子过了疲劳期，他们就很难再安定下来入睡了。所以，父母要给孩子规定一个必须上床的时间，而且这个时间也一定要尽早。专家建议，上小学前，孩子的最佳就寝时间应在19:30～20:30。

方法五：制定睡眠计划表

3岁左右的孩子，白天在幼儿园的各种规定和约束下，往往会表现出与在家中截然不同的成熟、懂事。那么，如何让他们将这种成熟、懂事延续到家庭中呢？制定规矩，无疑是一种非常有效的措施，对于睡觉这件事，同样如此。比如，父母可以就孩子睡前要做的事情和孩子一起制订一份计划表，双方协商一致，如睡前要洗澡、换睡衣、收拾玩具、读三个故事，然后关灯睡觉，并把这些约定用画图或者简单的文字记录下来。那么，当你已经给他读完三个故事后，他却睁着眼睛仍不睡觉，说要听第四个故事时，你就可以把那张睡眠计划表拿出来，指着上面的约定告诉他："上面说读完三个故事就得睡觉，不许耍赖皮，我们该睡觉了。"

如何为孩子创造一个安全的睡眠环境

为孩子创造一个舒适的生长环境相当重要，其中，给孩子选择一个安全的睡眠环境，也是需要父母花大力气去做的事。当孩子睡着后，父母考虑更多的是孩子是否安全、有没有不舒服、会不会热，等等。虽然孩子对于睡眠环境的标准会随着年龄的增长而改变，但无论何时，都要确保孩子拥有一个安全的睡眠环境。

安全的睡眠环境包括两个方面的内容：一是身体上的安全，二是心理上的安全感。

就身心的双重安全来讲，父母应该注意以下要点。

第一，孩子的床是否安全舒适，且不损害健康

大人对于床和床垫，都有着自己的追求和选择，却很少考虑孩子究竟应该睡在什么样的床上。

很多父母会在孩子出生时给他们选购一张婴儿床，而且大多数情况下，孩子会在这张床上睡到3岁，甚至更久，直到和父母分房睡。父母在帮孩子选购他们人生中的第一张床时，大多都很注重安全，却很少考虑其舒适度。建议父母在为孩子选择床时，除了要考虑安全性之外，还要考虑床和床垫的舒适度。

安全健康的宝宝床应具备以下特点：

构架——可以由木头、聚酯、钢铁等各种材料构成，但一定要保证稳固，保证最少有三面遮挡，以防孩子在睡梦中滚落到地上。

支撑力——床垫可以由弹簧、海绵或者气垫制成，但不能太过柔软，否则会对孩子正在发育的脊柱造成损害。

平坦——孩子在睡眠时，需要保持水平姿势。经常交换床垫位置，可以避免床垫形成凹陷。

健康——如果孩子患有哮喘，或者对多种物质都有过敏反应，那么，就要特别注意床和床垫的材质，特别是床垫填充物的成分，以免引起孩子的过敏反应。如果你的孩子容易过敏，请选择用抗过敏材料制成的床垫，或者自己缝制。

第二，枕头要柔软、舒适

能否睡得安全舒适，枕头的品质与床的好坏同等重要。

孩子的枕头要足够舒适，应保证轻薄、柔软、不易弯曲，最好不要给孩子使用用鸭绒填充的枕头。选择枕头时，把枕头放在平坦的地方，把中部轻轻压下，如果枕头能很快回弹，则可以给孩子使用；如果压下后久久不能回弹，那么这个枕头对孩子来说就太软了，可能会影响他的颈椎发育。

第三，在黑暗中才更容易沉睡

光线和黑暗会对孩子的生物钟产生巨大的影响，对孩子而言，明亮就等于清醒，黑暗就意味着睡眠，有些时候，即便是一个物体的反光，都可能让孩子从睡梦中醒来。所以，在孩子沉睡之后，务必要保证房间暗下来。

另外，环境黑暗也是对孩子眼睛的保护。美国宾夕法尼亚州医疗中心大学斯奇眼科学院的眼科教授查理德·斯通经过多年研究认为，整晚睡在有灯光房间的孩子，患近视的可能性高于在黑暗房间睡觉的孩子。虽然他的这一结果还没有经过最终证实，但作为这个研究领域的专家，查理德·斯通确定睡眠时的光线强度与孩子近视之间存在着必然联系，所以，让孩子在绝对黑暗的环境中休息是非常有必要的。

第四，能够给他们带来安全感的被子

对于很多孩子来说，被子的功能有两种：一是保暖；二是心理慰藉。有些孩子对盖在自己身上的东西有特别的偏好，尤其是带有他们喜欢图案的被子，更是喜欢抱着、摸着，以让自己在心理上感觉到安全和愉悦。这种现象在孩子的成长过程中是非常正常的。

第九章

21天效应养成的好习惯——
正面习惯的培养

在3岁这个时期，帮助你的孩子养成良好的习惯，可以让他终身受益。养成良好的习惯不仅能让你的孩子在身体上保持健康的状态，同时还能培养他良好的个性，也有助于孩子在德、智、体、美等方面全面发展。因此，聪明的家长一定要在孩子3岁左右培养其良好的教养习惯。

为什么孩子 "性子慢"

在当今这个快节奏的社会中，工作和生活都需要在高效、快速的状态下完成，一个说话办事慢慢吞吞的人，显然不适应这样的社会节奏。

对于3岁的孩子而言，如果孩子吃饭慢，进入幼儿园后就不能和大家步调一致，无法很好地适应集体生活；如果孩子做作业慢，就会影响到吃饭、睡觉、娱乐等多个方面，对孩子自信心的发展也是不小的打击；如果孩子写字慢、做题慢，他就无法将自己的全部能力在有限的时间内充分发挥，最后导致学习成绩差。性子慢对一个人的影响是持久性的，因此，父母切不可不以为意，认为孩子还小，意识与行为还不能很好地配合，等再长大一些自然就好了。殊不知，你在给予他宽容，等待他长大的过程中，却在无意之间错过了纠正和教育的最佳时机。等孩子的性子慢变得越来越严重，而且已经对其成长造成明显影响时，就为时已晚。

当孩子在3～6岁的幼儿阶段时，如果已经表现出性子慢的倾向，父母一定要提高警惕，及时对孩子的慢性子进行纠正。

当然，在纠正孩子的慢性子之前，首先需要理清慢性子的形成原因、机理及运作方式，这样才能以科学的手段有效应对。通常情况下，3～6岁的慢性子孩子分为客观慢和主观慢。

何谓客观慢呢？就是孩子干什么事情都慢吞吞的。他们起床慢、穿衣慢、刷牙慢、洗脸慢、收拾东西慢，而且经常表现出心不在焉、丢三落四的毛病。即使大人催促甚至打骂，他们往往也快不起来。

　　这类表现的慢，多与孩子的性格有关，他们天生就是慢性子，而且还具有害羞、畏缩、不愿意互动和内向等特征。对于这类孩子，要想从根本上改变他们的性格很难，但父母不应就此放弃，而应该通过持续的鼓励和训练，在某些必须要快起来的事情上，一点一滴地提高他们的做事速度。比如，在孩子做某件事时，父母可以有意识地问孩子多久能完成。如果孩子最终在允诺的时间内完成了，下次，父母就可以和孩子商量，把做事时间再缩短一点儿；如果完成得很好，父母就要及时对孩子进行肯定和奖励，并鼓励他把时间再缩短一点儿；如果完成得很好，那么就再鼓励、再缩短……但在这个过程中，父母一定要注意，在言语中千万不要流露出对孩子的嘲笑和嫌弃，更不能不顾他做事的节奏，一味催促他"快点儿"，要知道，这种训练是循序渐进的，因此，也必须以孩子自己的节奏为基础，逐步训练提升。

　　主观慢，是说这类孩子的性格或行动力并不慢，在从事自己喜欢的事情时，并不会表现出拖拉，而一旦所进行的活动是自己不喜欢或不愿意做时，动作就立刻慢吞吞起来。

　　分析这一类儿童突然变慢的原因：一是注意力不集中，父母或老师交代什么没听清楚，或者本身对这件事情很抵触，便破罐子破摔，只是心不在焉地随意做这个事情；二是接收到的指令太多、太快，因为跟不上节奏、反应不过来而变慢；三是要求干的事情本身超过了他的能力范围，而父母却觉得孩子能够快速完成，便以自己的标准，把孩子的行为定义为"慢"；四是对所干的事情缺乏兴趣，你说吃完饭后带他去动物园，他三下五除二就能把一碗饭吃得一粒不剩，相反，你让他赶紧穿上鞋子去幼儿园，他就开始磨蹭，系个鞋带都得10分钟。

　　面对这类孩子，父母的解决方法又是怎样的呢？

　　针对注意力无法集中的孩子，父母可以有意安排孩子多从事他平时喜欢的活动，比如，玩儿他最爱的游戏，多与小朋友一起玩耍等，以激发并保持孩子的注意力。另外，也要有意识地进行一些提升孩子注意力的训练，比如拼搭积木、玩拼图游戏等。但父母千万要注意的是，不要试图用"别人家的孩子"来进行激将，刺激孩子，以免伤害孩子本就脆弱的自信心，相反，要多看到进步，多鼓励，多肯定，以保证孩子以积极的心态来应对注意力训练。

针对父母指令太多太快，或超出孩子能力范围的情况，父母则要多从自身查找原因，不急于求成，对孩子多些耐心，也要多给孩子时间和机会，以孩子的表现为标准给予适当评价。

针对因为缺乏兴趣而故意为之的磨蹭、拖拉，父母可以观察并记录孩子的兴趣点，然后，从孩子感兴趣的事情出发，去激发孩子的积极性。比如，跟孩子约定，主动收拾好玩具就可以看一集动画片，或者要想去游乐场就必须自己穿衣服，等等。只要注意观察，并耐心持续训练，孩子磨蹭的坏习惯是可以逐渐改掉的。

拆坏的东西远远没有孩子的探索心重要

当爸爸走进书房的时候，不禁被眼前的景象惊呆了，因为他可爱的儿子正踩着椅子爬上书柜，帮他"修理"摆放在里面的那一堆昂贵的汽车模型。儿子手握改锥，正在细细拆解他上个月刚入手的限量版变形金刚，地上是各式汽车的"残骸"。看着这样的景象，爸爸真是欲哭无泪。

破坏，是孩子成长发育过程中经常会出现的现象。除了我们前面已经讲过的想以破坏的方式吸引父母注意或者表达不满之外，其实孩子的破坏行为，大多来源于他那颗好奇心。

　　3 岁的孩子，对周遭的一切都怀有强烈的好奇心，对于能够接触到的一切东西，他们都想去看一看、摸一摸，甚至按照大人的样子去亲自操作一下。他们会想："这个是什么？它能做什么？想想爸爸妈妈平时是怎么用它的呢？对，想起来啦，我也去试一下！"对于这样的思维过程，父母们有没有觉得很熟悉？对，这其实跟成年人认识和探索世界的思维活动一模一样。那么，父母们是不是应该为孩子这样的成长而欣喜，并充分尊重他们的这种探索行为呢？

　　也许有的父母会说，孩子的探索行为大多时候都是把物品破坏。的确，对一个 3 岁的孩子来说，他们的认知能力、手眼协调能力还都没有发展成熟，因此，在他们的尝试和探索过程中，总会出现很多意料之外的危险动作，比如不经意的摔打、不小心的磕碰等。同时，3 岁宝宝也很容易高估自己的能力，总觉得自己已经足够大，能够和爸爸妈妈一样，去做很多事情，像例子中的宝宝，就是想学着爸爸的样子，对汽车模型进行修理。这些行为并不是孩子在故意制造麻烦，而是他真的特别想了解这个世界，有一些事情他的确干不好，却又很自信地以为自己能干好。

　　不要打击孩子这样的探索和自信，与那些可以用金钱来衡量价值的物品比起来，这样的企图心才更难能可贵。当然，也不是要求父母为了守护孩子的好奇心就对他们的破坏行为放任不管，在放任和约束之间，父母其实可以采取更为中立的方式，既保护孩子的探索精神，又培养孩子对物品的正确使用和珍惜意识。

　　父母首先要教给孩子正确使用物品的方法。要让孩子知道家居用品怎样使用，包括哪些东西是容易损坏的，在使用中应该注意的事项，等等。比如，水杯是在喝水的时候使用的，不能当玩具拿来过家家，而且使用之后要放回原位：一方面是避免不小心碰到摔碎；另一方面也是为了保持家庭环境的整洁。而对于那些特别容易损坏的物品，应放在孩子看不见也够不着的地方，避免让孩子拿到。

　　父母也要有意识地对孩子进行力量和肌肉方面的训练，可以通过手指游戏、影子游戏、扣扣子训练等活动，锻炼孩子的手部力量，以及手指配合的灵活度。父母也可以经常为孩子提供一些大小和轻重合适的物品供他们使用，让他们在实践中提升掌控物品的能力。同时，还可以经常鼓励孩子做一些比较精细的家务活儿，比如钉扣子、洗手帕等，培养孩子耐心细致的性格。

　　孩子在探索活动中不分轻重地"搞破坏"，还有一个重要的原因就是不懂得物品的价值，也没有形成节约的习惯。所以，父母在平时生活中，不要给予孩子太丰富的物质条件，要合理控制他们破坏物品的数量，让他们懂得珍惜自己及家庭的所有物。而对于那些已经被孩子损坏的物品，即便他们在生活中再需要，也不能"旧的一去新的就来"。比如，他撕坏了图书不能立即就买新的，即便再碍眼，也得那么将就着看；他打碎了喜欢的杯子，以后就得用不喜欢的那个喝水……要让孩子懂得有些东西损坏了就不能再修复的道理，也要让他为自己的行为承担责任。

　　当然，如果父母在时间和精力都允许的情况下，也能够在不损坏物品的前提下引导孩子的探索行为。即便物品不能拆解，家长也可以根据自己的知识，用观察、讲解等方法解答孩子心里的疑惑。

　　最后应该提醒家长注意的是，即便孩子的破坏行为非常出格，也不要因此而大发雷霆。孩子在犯错之后本身就很害怕，家长的严厉态度很容易导致孩子逆反或者逃避。此时的正确做法是，以耐心和宽容对待已经造成的破坏，如果孩子破坏了别人的东西，就应该带孩子道歉并进行赔偿，而如果是别的孩子破坏了自己孩子的东西，应该让孩子学会原谅和宽容。

这样教孩子合作、分享，孩子才善良、有爱心

欧洲著名的心理分析学家阿德勒认为：假使一个儿童未曾学会合作之道，他必定会走向孤僻之途，并产生牢固的自卑情绪，严重影响他一生的发展。

合作与分享，是一个人在社会中立足、发展，并最终完成自我实现的最基本的素质。父母在关注孩子智力开发和文化修养提升的同时，也要下大力气对孩子进行思想品德教育，这样才能避免儿童长大后成为"高分低能"的人。但这时也会有父母说："我们一直也很注意孩子品德的培养，教育他要乐于助人、喜欢分享、团结友爱，但为什么我们的孩子还是一个爱欺负别人、凡事只考虑自己的'自私鬼'呢？"这是因为，合作的习惯与分享的品德并非天生就有，而是像知识体系的建立一样，需要由浅及深、由易到难，在遵从孩子智力和情感发育的基础上，在一定的体系框架内才能形成。

从孩子3岁左右自我意识开始萌发之日起，占有欲就以个性化和本能的姿态出现在我们的视野里。"这件事我自己做""这是我的""我的"，便成为孩子学会说话之后的口头禅。

对于4～5岁的孩子，你也不要指望他能在家里来小客人的时候，把自己所有的玩具拿出来与人分享。就算他已经被你教育得很好，他也会把自己非常珍视的几件玩具收起来，留着自己玩儿。

即便是6岁的孩子，在与他人合作和分享的时候，其实也很难实现对他人的理解和同情的。他们之所以能够和他人实现合作和分享，在很大程度上源于父母的要求，并不是出于他的自愿。可见，父母要想让孩子能够与他人合作与分享，并希望这样的合作和分享建立在孩子善良、有爱心的基础之上，首先就要理解合作与分享在孩子身上的发展过程，充分尊重并保护孩子对自己物品的所有权。然后，你还应怎样做呢？

不强迫孩子合作和分享

孩子心中存在着对自己所属物占有的欲望，在他看来，那件属于自己的东西是非常珍贵的，但在父母眼中，那不过是普通食物或玩具。所以，强迫孩子分享是不科学的，在孩子不愿意与他人合作和分享的时候，一定要尊重他的这种意愿。比如，对一个3岁的孩子而言，自我意识的萌芽使得他对"这个东西是我的"这件事格外看重，这与"自私""小气"并无关系，只是一个人在成长发展过程中的必经阶段，父母尊重孩子的这种意愿，便是尊重他的成长；父母强迫孩子改变，则是对成长的忤逆，势必会让他恐惧分享，对"我的东西"更为在意。因为父母一强迫，让合作和分享在孩子心目中成为"剥夺""失去""伤心"和"痛苦"的代名词，再想扭转就很难了。

先从"这件事对我有什么好处"入手，进行引导

3岁以后的孩子，自然会经历一个凡事都要考虑"这件事对我有什么好处"的阶段，然后才能发展得更具社会意识性。所以，父母在引导孩子合作与分享的时候，可以利用他的这种自然属性，首先让孩子明白，如果他能和别人合作与分享，也会相应地得到回报，这样，就不需要父母再费心思教化了。比如，在孩子不愿意和别的小朋友一起荡秋千时，父母便可以这样引导他："你看，秋千想要飞起来，必须有一个人在后面推着。你要是一个人霸占着秋千，没人和你一起玩儿，没有人把你推得飞起来，那你就算霸占着秋千是不是也没有意思呢？但是如果你能和别的小朋友一起玩，是不是会更快乐呢？"

帮助孩子与他人建立亲密关系

相对于陌生人，孩子更容易与熟悉的人达成合作，进行分享。他会紧紧护住自己的玩具不让陌生小孩碰一下，而对于自己的兄弟姐妹、父母等亲人或熟悉的小朋友却不会这样，甚至还会主动与其合作与分享。所以，多鼓励孩子与人交往，引导他多结交一些好朋友，自然会增加孩子进行合作和分享

的可能性，孩子也能越来越多地在自身实践中感受到幸福与满足，从而乐于与更多的人进行合作和分享。

父母要为孩子做榜样

小孩子看到什么，就会学着做什么。所以，如果父母能经常与别人合作和分享，孩子看在眼里，肯定也会学着你的样子去做。父母要善于抓住每一个教育宝宝的机会，比如，当有人向你借东西时，你应该在出借的同时告诉孩子，让孩子体会分享的快乐。还要经常与孩子合作与分享，你可以对孩子这样说，"妈妈想把这个床单晾起来，它太大了，你能帮帮我吗？""我的爆米花非常好吃，你要不要尝一尝？"

教给孩子与他人合作和分享的正确方式。就像孩子刚学会说"你来"，他就会时刻挂在嘴边一样，学会某项新技能后，孩子也会不停地展示和尝试，比如合作和分享。所以，父母就要充分利用孩子这种"新鲜劲儿"，强化他的合作和分享意识，并教会他与他人合作和分享的正确方式。

比如，父母可以经常创造机会与孩子合作和分享，比如，洗衣服的时候请孩子帮忙把衣服塞进洗衣机，打扫房间的时候请他扫地，孩子吃蛋糕的时候要求和他分吃一口，等等。当然，在这期间，也应该教会他一些技巧和需要注意的禁区。比如，假如别的小朋友在收拾玩具，你的孩子如果一声不吭跑过去就帮他收拾，很容易让别的小朋友感觉到不悦，如果他想自己收拾呢？如果他不想让别人碰他的东西呢？所以在这样的情境中，父母就要告诉孩子，即便你想给别人帮忙，也要保持礼貌，可以先问一句："你需要帮忙吗？"这样，就能避免因鲁莽造成的误会，同时也有利于提高孩子的人际交往能力。

有耐性：引导孩子明白等待的意义

中国有句老话，叫作"心急吃不了热豆腐"，在心理学上，耐性也被认为是意志品质的一个方面，可见，耐性对一件事的成败与否有多么重要的作用。

妈妈正在厨房里做蛋糕，馋嘴的慧慧在妈妈身边绕来转去，眼睛眨都不眨地盯着妈妈忙碌的双手。可是，孩子的耐性毕竟有限，等了一会儿，她就有些不耐烦了。

"妈妈，蛋糕什么时候做好，我要吃蛋糕。"

"妈妈正在和面，面和好了，在烤箱里烤熟，再放上你喜欢的水果和奶油，就好了。"

"哎呀，那还要好久，可是我现在就想吃蛋糕。"慧慧对做蛋糕的复杂工序极为不满。

"蛋糕现在还没做好，你先去玩儿半个小时，一会儿好了我就叫你。"妈妈尽力安抚着女儿。

"不行，我饿了！饿死了！那你先给我吃水果和奶油。"

"水果和奶油是一会儿做蛋糕用的，你现在吃了，拿什么做蛋糕呢？"

"我不管，我就要吃，现在就吃。"慧慧彻底不高兴了。

"跟你说了这么久，你这孩子怎么就听不进去呢？"妈妈也开始有些生气了。

"我不管，我要吃嘛……"

眼看女儿已经带着哭腔了，慧慧妈妈没有办法，只好把切好的水果和奶油取了一些，递给女儿，这才平息了一场即将爆发的"战争"。

培养孩子的耐性，并不是什么难事，只需要让孩子明白等待的意义，学会等待即可。但是说起来容易做起来难，很多父母都说，在孩子纠缠、吵闹的时候，自己很难坚持底线，有时候不得不让步。而且，只要这种退让出现过一次，孩子就会认定"爸妈肯定得听我的，我想怎样就怎样"，那么，在下次出现他等不及或者干脆不想等待的情况时，仍旧会如法炮制，用哭闹逼迫父母就范。真的就没有办法了吗？当然不是，孩子的耐性大多需要后天培养，而父母在培养过程中也需要讲究一些方式、方法。

建议一：与其言传，不如身教

要想让孩子成为一个能够等待、善于等待，有很大耐性的人，父母就需要先将自己塑造成这样的人。

怎样做一个有耐性的家长呢？首先，家长要以身作则，在处理事情时，不能表现出急于求成。比如，不因车多路堵而发怒，不因付出很多升职太慢抱怨连连……父母要在孩子面前表现得有耐心，善于等待。其次，要对孩子有耐性，比如，不因孩子迟迟不会说话而太过急切，不因自家孩子似乎永远比不上"别人家的孩子"而上火；当孩子犯错或遭遇困难时，家长也不要一味地指责，而要帮助他分析问题的原因所在，耐心引导他逐步改正。

建议二：故意延缓

现在很多孩子，虽没有自己的王国，却真正享受着公主、王子般的待遇，要星星，父母就不会给他月亮，而且他现在要，父母马上就会给。一旦习惯了这样的"即时满足"，孩子就会变得急躁、任性、缺乏耐性，不想等待也不善于等待，做事常常半途而废，有始无终。

父母一定要改变这种教养方式，在孩子提出要求时，不要马上满足，而是以拖延或者有条件满足的方式，循序渐进地让孩子明白等待的意义，变得愿意等待，也了解如何等待。比如，"我还要收拾一下，你去读一个故事，读完了，我们就出发"或者"你想妈妈下午带你去游乐园，那你中午就得好好吃饭，乖乖睡觉，不能剩饭，也不能在睡觉的时候吵闹"。这里需要强调的是，父母必须要认真对待延缓等待时给孩子许下的承诺，一旦孩子按照父母的要求"履行合约"，父母也要信守承诺，及时兑现。

建议三：在一点一滴中"润物细无声"

在日常生活中，很多小事都可以用来加深孩子对等待的理解，来培养他们的耐性。比如，和小伙伴们一起玩儿滑梯时，就不能你想玩就得先上，而是要依照规矩，耐心排队等待。在用小事锻炼孩子的同时，家长也应该有意识地为孩子设置一些障碍，让他明白，很多得到是需要等待，甚至要付出自己的劳动。就拿案例中的慧慧为例，妈妈在要求她等待未果时，便可以邀请她一起加入制作蛋糕的过程中，让她帮忙往蛋糕上铺放水果，或者涂抹奶油，这些事情对孩子来说是非常新奇的，她不可能拒绝。这样，既让孩子明白了一切得到都是需要付出自己的努力，又能够提升她的生活技能，还可以培养她的互帮互助的意识。当然，如果孩子没有半途而废，而是在持续努力下终于完成一件事时，父母也要及时发现并予以鼓励，以强化他的好行为。

培养让孩子受益一生的阅读能力

莎士比亚曾说："书籍是营养品，生活里没有书籍，就好像生命里没有阳光。"

在当今这个快速发展的社会，一个人了解社会最快、最有效的方式，无疑就是阅读。有人说，阅读是一种终身教育的好方法。如果一个人从小就形成了极强的阅读能力，并且将阅读变成一种习惯，那么，远比这个孩子上什么学、拿什么文凭重要得多。

然而，阅读能力并不是一朝一夕就可以达成的，需要循序渐进地培养，同时，由于孩子在年龄、认识、能力等诸多方面的不成熟、不完善，就需要父母充分担负起教育职能，激发他们的阅读兴趣，并与孩子一起阅读。就像文学家巴金，他的成就与他的母亲注重培养他的阅读能力有非常大的关系。

巴金的母亲是那个年代少有的能够读书识字的女性，她特别喜爱文学，文学造诣也非常高。"多少恨，昨夜梦魂中。还是旧时游上苑，车如流水马如龙，花月正春风……"从小，巴金的母亲就会把这些文字优美、意境深远的古诗词，像念儿歌一样教给孩子们，虽然幼年时期的巴金还无法理解其中含义，但他还是跟着母亲反复诵读。

再大一些，母亲就会用白纸订一些小册子，然后把诗集中起来，把她觉得好的抄下来，发给儿女们。母亲让他们站成一排，手里捧着小册子，在灯光下，眼睛看着这些陌生的文字，耳朵听着母亲的诵读。从一个字一个字地认，到一行诗一行诗地读，一旦孩子们全部读懂背会，母亲就把已经教会的部分做上记号，到第二天晚上，先温习旧的，再学习新的，周而复始。巴金的母亲性格温婉，教学方法毫不死板，而且和颜悦色，从不发脾气。"我们从来没有觉得读书是件苦差事。"巴金回忆说。

正是因为童年时候的这种美好的读书经历，以及由此培养起来的读书能力，巴金在知识的海洋里不断实现自我提升，最终成为享誉海内外的著名作家。可见，阅读能力对一个孩子的成长和未来发展有多么重要，不仅可以改变孩子的现在，更会延展他的未来。

教子智慧一：顺应孩子的年龄特点，选择合适的教育方式

3 岁的孩子，相较年龄再小些的孩子，在阅读中开始注意情节和新知识了。父母在给这个年龄段的孩子讲故事的时候，不仅要讲故事内容，更要通过巧妙的提问，扩充孩子的语言词汇，激发孩子的想象力和独立思考能力。比如，在讲小白兔的故事时，就可以问他："小白兔爱吃什么啊？"如果孩子的答案不是"胡萝卜"而是"饼干",那么父母也千万不要生气否定,而是要在肯定孩子思考的基础上,有意识地启发他,"妈妈还没有想到过兔子也可能爱吃饼干呢,你这么知道的呢?"然后听听孩子的解释,如果有可取之处,就要大力赞扬,不拘泥于"正确答案"。

教子智慧二:亲子共读,为孩子树立良好的榜样

我们反复强调,孩子会根据父母的行为喜好来对自己的行为进行调节,在读书这件事上,也是如此。所以父母也要养成喜欢阅读的习惯,为的是让孩子在言传身教中产生对书本的好奇和依恋。在家长表现出爱读书的同时,如果能经常和孩子在一起交流读书心得,探讨书本内容,孩子对于书本的兴趣将更加浓厚,阅读能力也会相应提高。

教子智慧三:把阅读的选择权交给孩子

我们要求父母鼓励和陪伴孩子读书,这并不等同于父母要对孩子的阅读行为进行严格把控。阅读是一种求知行为,但我们更希望让孩子的阅读成为一种享受,所以,在这个过程中,对于读什么内容、类型的书,只要不是对孩子有害,父母就不该仅凭自己的个人喜恶去约束和控制,相反地,对孩子的未来发展来说,他能接触到的内容越宽广、越深刻越好。

抓住3岁之后孩子自理能力的萌芽

3~6岁不仅是孩子智力发展的关键时期,也是其个人习惯和自理能力培养的最佳阶段。在不同年龄段,孩子的脑发育和所具备的自理能力各有不同,但在同一个年龄段,孩子却有着应该具有的普遍标准。

3~4岁的孩子能在大人帮助下穿脱衣服和鞋袜,能够将玩具和图书放回原处；4～5岁的孩子能自己穿脱衣服、鞋袜，扣扣子，可以整理好自己的物品；5～6岁的孩子会根据天气变化自己增减衣物，可以自己系鞋带，能够对自己的物品进行分类整理。

可以说，进入3岁之后，随着自我意识的不断发展，孩子已经在意识和行为上表现出充分的独立性特点，他们渴望离开父母的庇佑，在很多事情上都想亲自尝试，并且已经具备自己动手的能力。如果把孩子刚刚萌发的自理能力比作地里刚刚露头的小苗，父母此时应该做的，就是及时发现那点儿刚刚绽放的绿色，然后给他浇水、施肥，予以充分培养和保护，使其苗壮成长、开花结果。

给予孩子自己动手的空间

如果孩子想要自己洗衣服，不要一口否决，在他们"洗好"后，要对他说："我们家宝贝都能自己洗衣服了，真厉害！"如果孩子想要自己盛饭，你也可以让他自己做，然后告诉他："都能自己盛饭了，好样的！米饭刚熟的时候蒸汽很烫，你盛的时候要小心。"即便他洗过的衣服还是脏兮兮的，且卫生间被搞得一团糟；即便他盛饭时候的动作又笨又慢，而且饭粒掉了一地，你也丝毫不要对他有什么不满甚至抱怨，只能给予鼓励，以及对注意事项的教导。作为家长，一定要给孩子留下自己动手的空间，不能打消孩子的积极性，要让他在动手过程中增长技能和经验。

提升孩子自立的积极性

刚刚萌发自理意识的孩子，很多自理行为的出现，还都是偶然现象和一时的心血来潮，因为对他来说，自己穿衣洗脸、收拾玩具、整理房间，与玩耍和游戏比起来，吸引力和趣味性要小得多，这时，就需要父母站出来，鼓励孩子在自理方面的积极性。你可以鼓励他："想一下，如果你能不用妈妈的帮助，自己把玩具收拾好，把乱糟糟的房间整理好，是多伟大的一件事啊！我过半个小时再来看你，你试试看自己一个人能不能完成。"在限定的时间内，如果孩子能够完成，或者比过去有了一点点进步，你就一定要对孩子给予肯定，也可以进行一些口头奖励。

当众肯定和夸奖孩子

肯定和赞美，是最能对孩子的行为起到鼓励和强化的方式，如果是当众的肯定和赞美，对孩子的促进作用更大。所以，试着经常在别人面前夸奖你的孩子："我家孩子每天都自己穿衣服，特别省心，我很为他骄傲"，或者，"我儿子在游戏过后总是能把东西放回原位，特别棒"。孩子听到你的赞美，再辅以他人的肯定和赞扬，也会为自己的自理能力感到骄傲，并有信心和决心将其"发扬光大"。

给予孩子适度帮助

当孩子在自理行为上出现问题，或者进入一个可能挑战其能力极限的范围时，父母如果不出手相助，很可能会让孩子遭受失败，并由此挫伤其积极性。当然，全部代劳也是不科学的，会剥夺掉孩子一次难能可贵的尝试机会。科学的做法是，给孩子提供解决问题的办法，而不是直接替孩子解决问题。比如，如果孩子想自己做早餐，而这件事对他来说太复杂，困难重重，那么，你就可以这样给予他帮助：给孩子提供两片烤好的面包、一个煎好的鸡蛋、几片切好的火腿，和一颗还未清洗的青菜。你告诉他三明治的制作方法，并向他说明哪些东西是已经准备好了可以直接用的，哪些东西是需要再进一步收拾的，这样，孩子就能在你的建议和帮助下，安全且完满地给自己做一顿早餐了。

第十章

教养重要，爱更加重要：
父母决定孩子的一生

英国教育家A.S.尼尔认为："严酷的家庭法则就是对健全心智的阉割，甚至是对生命本身的阉割。一个屈从的孩子不会长成一个真正的人。"孩子的成长不能脱离规矩，但同时，爱也不可或缺，那么，父母要如何在这两者之间实现平衡呢？

孩子需要规矩，更需要爱

中国有句老话，叫作"没有规矩不成方圆"，可是在儿童教育领域，规矩太多，反而难成方圆。

幸福感是一个人成长和成熟的最好营养品，大人如此，孩子更是这样。一个孩子，如果在他最初接触世界的时候，感受到的不是来自父母和亲人浓郁的爱，而是繁多且严苛的"不要""不可以"，那么他在性格上便会小心谨慎，在探索和认识世界这件事上，也会变得处处拘谨。一方面，他渴望大人的爱和认可，并希望本能地听从内心的召唤；另一方面，他又要被动地迎合他人的要求，时刻关注自己的言行。长此以往，孩子就会不知所措，正能量被无端消耗，甚至严重影响其身心健康。

这并不是危言耸听。一位学历高、阅历丰富、家庭条件好，在儿童教养方面也很用心的妈妈，讲述了她的教子经历，听后不免令人感慨不已。

这位妈妈认为，要成才，就必须先立人，所以，本着高标准严要求的教育原则，从孩子出生之日起，她们全家人就决定一定要对孩子"心狠"。

于是，在女儿的成长过程中，为严格规范孩子所有的生活细节，她给女儿订立了诸多规矩，并坚决付诸实施。例如，规定吃饭的时候不许看电视。饭熟的时候，哪怕孩子喜欢的动画片只剩5分钟演完，也绝不允许孩子在这5分钟之内边吃饭边看电视，而是坚决关掉电视，要求孩子坐到饭桌前吃饭。无论如何，必须全家人坐在一起吃饭，而且必须规规矩矩，不看电视、不说话、不掉饭粒、不发出咀嚼声……在这样的严格教育下，这个女孩儿的确智力超群，且养成了很多好习惯，但慢慢地，她性格上的偏执也突显出来。

女儿根本无法接受任何稍有变化或常识里没有的事。一次睡觉前，小女孩儿发现她每天睡觉都要抱着的布娃娃不见了，问妈妈，妈妈说洗了，明天干了就能继续抱了。女儿却不同意，要求一定要抱着这个布娃娃睡觉，妈妈说第二天再抱，今天先暂时抱另外一个布娃娃睡，她却死活不答应，哭得不依不饶。另外，在幼儿园里，她也表现出了严重的孤僻和不合群。她总是一脸冷漠，难得一笑，很少像别的小朋友一样在一起玩儿，而是常常躲在角落一个人玩儿。即便跟小伙伴有所交集，没过几分钟，就会因为小事吵起来。老师甚至善意提醒这位妈妈，这些表现都不是一个3岁儿童应该有的，"你是不是应该带她去看看心理医生？"

英国教育家A.S.尼尔认为："严酷的家庭规则就是对健全心智的阉割，甚至是对生命本身的阉割。一个屈从的孩子不会长成一个真正的人。"刚才所讲述的这个问题儿童，无疑就是这句话的深刻反映。孩子的成长不能脱离规矩，但同时，爱也不可或缺，那么，父母要如何在这两者之间实现平衡呢？

家庭生活中，规矩越少越好

弗洛姆说："在一切爱的关系中，自由最重要。"无论是亲子、夫妻、婆媳还是恋人，这句话都同样适用。从古至今，所有的良好关系几乎都没有太多教条和琐碎的管制，而是在亲密相处中为彼此留下自主空间，允许对方在一定范围内按照自己的愿望行事，即便做得不好，也不会苛责。

将这句话放在儿童教育中，我们认为，越年幼的孩子，虽然行为越难以揣摩，但需要遵守的规矩应该越少越好。其实，对于3岁的孩子来说，如果父母有要求，只要告诉孩子，并亲身示范让他们听在耳里、记在心里则可，没必要整天因为"规矩"和"越矩"而苛责孩子。

孩子成长，需要自由土壤

自由是规矩存在的土壤，只有自由的孩子，才能时刻觉得自己是被爱着的孩子，才可能更加自觉要求自己。美国著名教师雷夫曾说过："如果要我们的孩子达到相同的境界，就要在教导他们了解规则之余把眼光放远，不受教室墙上的班规所限。人的一生中有时并无规矩可循，更重要的是，有时规则根本就是错的。"

让孩子看到规矩之美

大人的职责是给孩子呈现规矩，而不是强迫孩子接受规矩。对于那些需要孩子必须遵守的规矩，父母应该通过合理的方式，让孩子看到规矩之美，心悦诚服地去接受，自觉遵守。比如，对于不允许孩子玩儿柜门这件事，你耳提面命，跟他说很多遍不许开，孩子都不会记住，而且会因为你的阻止愈发对放在里面的东西好奇。可是，如果父母能拉着孩子的手，在柜门关上的时候有所控制地让柜子轻夹孩子的手指，那么，孩子就会知道，父母禁止他玩儿柜门，不是不让他看放在里面的东西，而是为了他不被柜门"咬疼"，是在保护他的安全。这样，孩子自然会谨记这条规矩，不会逾越了。

在规矩教育中，家长的爱和包容远比强制力更为有效。

不要居高临下地指责，爱和规矩是无声的教育

3岁的小伟蹲在门口，慢吞吞地系鞋带。系好后，他看了看，似乎觉得有一边留下的太长，便又解开，重新开始。

妈妈站在一边，焦急地催促道："小伟，快点儿，妈妈要迟到了。"

"哦。"对于妈妈的着急，小伟并没有表现出太多关心，仍然在慢慢地

跟鞋带较劲儿。

等小伟好不容易系好鞋带，妈妈急忙提起小伟的书包，拉过儿子就要出门，可是，小伟又发话了："妈妈，等一下，老师今天让带彩笔去学校，我还没装到书包里。"

"我跟你说没说过，第二天上学的东西头天晚上要准备好。在哪儿呢？快去拿！"妈妈看着表，不耐烦到了极点。

小伟一溜烟跑进书房，却没有很快就出来，妈妈等不及，边抱怨边跟了进去。

"妈妈，彩笔找不到了……"看着妈妈那张气愤的脸，小伟有些不知所措。

"在第二个抽屉里！我是不是跟你说过！乱七八糟的笔都在第二个抽屉里！跟你说什么都不记住，你每天就知道给我找麻烦！"

晚上，小伟妈妈把早上的事情讲给小伟爸爸听，爸爸听后，也生气地教训起了儿子："你都多大了，办事儿还是没有一点儿规矩，早知道这样，不如不生你！"

当孩子犯错时，父母常常会遭遇到这样的矛盾：爱孩子，他会很快没有规矩；管孩子，却可能让他在严苛的管教和束缚下，只看到规矩，而感受不到父母的爱。爱就乱，管则死，父母从心底里爱着孩子，在方法上，却将居高临下的指责甚至惩戒作为最常用也最爱用的撒手锏。殊不知，这样的教养方式对孩子的健康快乐成长并不好。父母之所以会给孩子订立规矩，只是为了对孩子进行规范，并保证他的行为和意识规范能时刻处于社会公共规范的范畴里，但是，过分严苛、缺乏人情味儿和父母之爱的指责和训诫，则会给孩子带来敌意、仇恨、抗拒和罪恶感，长此以往，便有可能让孩子走上两种极端：一种是自卑、自怜、缺乏价值感；另一种，则可能让孩子走向暴戾，把过多精力分散到如何报复家长上面，错失了认识到自己不当行为以及思考改正错误的机会，当然，这种缺乏爱的简单粗暴也可能被孩子所效仿，将"恃强凌弱"当作他处理问题的第一选择。

居高临下的指责是必须要摒弃的，那么在这之后，父母又该以怎样的爱和规矩来纠正孩子的行为，并促使他反思、改正呢？

1. 明确表达相反立场，但不攻击孩子的人格

当孩子的行为可能导致严重后果，需要及时纠正的时候，父母最需要让孩子明确行为本身的影响，而不是急着否定和惩罚孩子。比如，当孩子在超市、饭店等公共场合到处乱跑时，父母千万不要急着训斥："告诉你不能到处跑，一点儿规矩都没有，晚上不许看电视！"正确的做法是将结果前置，并对他的行为进行评价："小孩在过道乱跑，会影响别人购物（或吃饭），而且很不安全。"

2. 对于已经发生的错误不过分追究，只是恳切地表达你的期望

"你怎么又在房间里到处跳？再这样，我就不要你了！"孩子因为在家里蹦蹦跳跳打碎花瓶，你生气、责骂甚至动手打他，一是不能让碎掉的东西还原，二是只会让孩子记住这次鲁莽行为的坏结果——遭受打骂，对于行为的更正与自我反思，显然没有任何促进作用。所以，对于此类属于主观上非故意的行为，正确的教育方式是："家里可不是草坪，我希望你能稍微注意一下自己的行为，不要因为你的不小心，给我们家造成损失。"

3. 对于顽固问题，教育孩子的同时，还要辅以行动

如果很多涉及原则的问题，父母反复多次强调，仍旧毫无改进时，在进行说服的同时，还应该采取合适的行动，杜绝错误再次发生的可能。比如，孩子一边吃饭，一边摆弄着手里的玩具或者餐桌上的物品时，父母首先可以进行劝说："宝贝，不要玩儿了，专心吃饭。"如果说过几次之后仍旧没有效果，父母可以把桌上的玩具以及可以摆弄的物品统统拿开，然后要求孩子："吃饭的时候必须专心，我把这些东西先放在茶几上，吃完饭你再去

玩儿。"

4. 让孩子体会错误行为的自然后果

对于那些不会给孩子带来太大伤害，且属于明知故犯的行为，可以用"后果教育法"，促使孩子自己改正错误。比如，已经跟孩子说了很多遍，不能趴在地上玩儿，会把衣服弄脏，可他仍然爱搭不理。这时，就可以要求他："我已经告诉过你了，趴在地上玩儿会把衣服弄脏，既然你不在意，那今天脏了的衣服就得你自己洗了。"

不必发号施令：你怎么做，孩子就会怎么学

家庭是人生的第一课堂，父母是孩子的第一任老师，从孩子出生之日起，父母就是和孩子相处最多的人，肯定也是孩子模仿最多、最早的人，那么，父母对孩子的影响，也势必最多、最深。

父母养育孩子，并护佑他在自己的怀抱中长大，父母给孩子的，不仅是由基因遗传的相貌和性格，还有由父母本身行为举止所传递的人生观、世界观和价值观。所以，孩子的方方面面都离不开父母的言传身教，在守规矩这件事情上也是如此。有位父亲就曾讲过这样一个故事，因为儿子太痴迷于游戏机，终于，他不得不就这件事认真地跟儿子谈一谈了："儿子，你最近玩儿游戏机太多了，你就不能控制一下自己，多放些精力在学习上吗？"儿子却并没有把爸爸的话当回事，只是很平淡地问了一句："你还说我呢，爷爷还要你少打麻将呢，可你还不是整宿整宿地打麻将。"可见，孩子总是自然而然地就把父母的言行当榜样，将父母对待规矩的方式全盘继承，甚至也会"聪明"地把父母言行中的失当之处，当成自己犯错的"借口"，如"爸

爸能躺着看书，我为什么不能""妈妈总是看手机，我为什么就不能总是看电视"。所以，在日常生活中，父母不必为了如何教会孩子遵守规矩大伤脑筋，只要自己能时刻注意自己的言行举止，并在自己严格遵守规矩的时候提醒孩子，并和孩子交流沟通，这样一点一滴的小事就会给孩子带来翻天覆地的变化。

在儿童的规则教育问题上，父母除了要时刻注意言行，以榜样的力量影响和鞭策孩子以外，还有一点很重要，那就是在教育孩子上，夫妻要保持一致。

这里所讲的夫妻一致，不仅包括前文曾反复提到过的教子理念一致，即妈妈觉得言传身教比较重要，爸爸也应该态度一样，这样夫妻二人才会一起改正自己的言行，以保证对孩子有好的影响和引导。另外还有一点，那就是在家庭教育中，父母要担负的责任也必须一致。

目前，中国家庭教育中阴盛阳衰的"一头沉"现象非常严重。长久以来，母亲一直在家庭教育中担负着主要的角色，相对于父亲，她们陪伴孩子的时间可能更长，照料得更多，对孩子的影响也更大。虽然这和社会分工有一定的关系，但也绝对不应因此就忽略父亲在家庭教育中的作用。心理学家经过深入研究认为，父亲在孩子的潜意识里是威严的形象，尤其在规则教育中，父亲对孩子的约束和监督作用要远远高于母亲，一般孩子在成长过程中也喜欢以父亲为榜样，自觉不自觉地进行模仿，这是一种自然本能。

从母亲那里，孩子能学到的是善良，并体会到更多关爱，但是在父亲那里，他们却可以学到规则、刚强和自信，并收获安全感。所以，在家庭教育，特别是规则教育中，任何一方都不能有所偏废，必须相互配合取长补短，这样，孩子才能获得一个完整且健康的家庭教育。

高情商的孩子更容易成功

情商，一般的定义是"情绪智商"或"情绪智慧"，包含自制、热忱、坚持，以及自我驱动、自我鞭策的能力。如果将情商的表现形式进行扩展，则又有以下五个方面，即了解自身情绪、管理情绪、自我激励、识别他人情绪和处理人际关系。

那么情商在我们的人生中扮演着怎样的角色呢？有人曾说过，20%智商+80%情商=成功。有人会说："怎么可能！一个人智商不高，无法掌握改变他命运的知识技能，单凭情商高这样的'软实力'就能百战百胜？"几年前，一个美国人为印证此观点曾研究跟踪了很多智商在140以上的人，也就是我们俗称的"天才"，结果发现，这些天才长大之后很少有人获得如众人期望中的那般成就，大多数人只是在正常轨道上生活、工作，没有太大的过人之处。但研究成果还有另一个令人惊奇之处，那就是，那些智商处于中上等，但情商却比其他人高出一截的人，获得成功的比例更高。

由此可见，在家庭教育中，父母除了要重视孩子的学习和智力开发之外，还有一项在家庭教育中更为重要、比智商教育更加不可或缺的，就是情商教育。

如何培养高情商的孩子呢？以下几招，希望能给家长一些参考借鉴。

招数一：帮助孩子识别自己的情绪，理清自己的需求

情绪看不见、摸不着，常常突如其来，又难以用语言形容，所以，孩子常常用一个简单笼统的"不高兴"来概括，殊不知，在"不高兴"这棵大树上，情绪还是有很多具体分支的，比如失望、焦虑、紧张、愤怒、嫉妒、懊恼等，正确识别情绪，对孩子而言无疑是一项巨大挑战。

解决情绪问题的前提，恰恰是准确识别情绪，这就要求父母要在孩子情绪爆发时帮助孩子对情绪进行准确定义，并帮助他理清自己的真实需求。比如，孩子跟父母抱怨说，小朋友不跟他玩儿，他很生气。其实，当期待被拒绝时，孩子现在的不高兴就应该是失望，而他真正需要的，是被小伙伴们接纳。如此分析之后，父母就可以如此引导孩子："他们只是这次不带你玩儿，你不要失望，他们并不是不喜欢你，你可以试着再继续争取。你想听听妈妈的策略吗？"

招数二：帮助孩子树立自信

要帮助孩子建立自信，父母可以从以下三个方面入手：一是父母要善于发现孩子的优点和长处，多鼓励和肯定孩子，以爱和尊重帮助他建立良好的自我形象；二是多鼓励孩子参加社交活动，并有意识地培养他的兴趣和特长，鼓励他接触更广阔的人群，以帮助他树立自信和勇气；三是父母一定要以爱和包容来对待犯过错的孩子。比如，孩子想要帮忙洗衣服，把容易染色和容易掉色的衣服泡在一个水盆里，你在为自己心爱的衣服被染成五颜六色而感到恼火的同时，也不能就因此将孩子的所有行为全盘否定，在通过这件事情传授给孩子生活常识的同时，也要及时肯定孩子的善意，以保护他成长的动力。不要老盯着孩子的过失不放，而应该肯定他的努力和尝试的勇气。

招数三：培养孩子积极乐观的态度

父母是孩子的榜样，父母日常的情绪和行为，在遭遇困难时的态度做法，以及家庭的气氛、家庭成员之间的关系，都会在很大程度上影响孩子性格的形成，决定他能否拥有积极乐观的态度。

不仅是家庭成员之间的互相影响，孩子能否正面看问题，也对孩子积极乐观态度的培养有很大影响。为帮助孩子形成正面看待问题的思维常识，父母应该经常用提问的方式将孩子的思考引向正面："今天刚认识的这个小朋友，你觉得他有什么优点""你对自己今天的表现很失望，但你想一想，在整个过程中，自己有哪些值得肯定的地方呢"。

招数四：培养孩子的人际交往能力

父母一定要多鼓励孩子注重人际交往，并教会他观察别人的需求。父母应该有意识地多安排机会，邀请孩子的玩伴来家里和自己的孩子一起玩，同时，在小孩子们玩耍的过程中，多引导孩子分享、合作，对他人进行帮助，而且一旦他主动实施这些行为，就要及时给予肯定或奖励。

用最好的方式，向孩子表达你的爱

很多父母都收看了前段时间各大卫视热播的电视剧《虎妈猫爸》，或许还对其中的几个情节记忆颇深。

由赵薇扮演的虎妈毕胜男，是一个典型的女强人，她一心扑在工作上，将唯一的女儿交给公公婆婆抚养。有一天，她突然发觉自己的女儿被两个老人宠溺成了一个自私、无礼、任性、只懂得发脾气的"小公主"，在智力等各项能力的发展上，却又比同龄孩子差了一大截。她先是惊讶，后是不服，于是辞掉工作，准备全身心投入女儿的教育上。

为了让女儿上好的小学，她跟幼儿园领导说尽好话却无果，之后，她变卖了住了没几年的房子，一家人挤进一栋价格昂贵到和品质完全不成正比的筒子楼，只因为这是学区房。只可惜天不遂人愿，因为女儿的年龄问题，即便买了学区房，也还是没能将女儿送进最好的小学。在面对让女儿晚一年上学和上普通小学这两个选择时，她冲破家人阻力，毅然将女儿留在了家里，并为女儿制订了教学计划，要求自己和家人按照计划严格执行。

为了外孙女的教育问题，"狼外公"也从千里之外来到女儿家，加入了帮助外孙女成才的大业中。与虎妈比起来，外公的教育方式更为严苛，甚至有些残忍。每天带着外孙女晨跑，跑不动就用绳子拴腰上拖着走，做不完题不准玩儿游戏，甚至不能吃饭……因为教育理念的不同，本就关系不太和谐的祖辈更将争斗白热化，为了一个孩子，六个大人闹得不可开交，矛盾重重……

从宝宝呱呱坠地，到离开家进入学校，再到升入高中、大学，直至进入社会，哪怕是之后的成家、立业、生子，中国父母对自己孩子长大成人的每个阶段，都想全面参与，也竭尽所能地想为他们提供最为优越的环境和条件。望子成龙、望女成凤，在这种传统的教子理念的主导下，很多父母为孩子操碎了心，并为他们的成长付出了太多的耐心、智慧和爱心。

就像《虎妈猫爸》这部电视剧中所展现的那样，为了让自己的孩子更接近于符合大众标准的那种"优秀"，父母们竭尽所能为孩子择校、觅师，又以很大的代价为孩子报书法、英语、演讲、绘画、钢琴、舞蹈等各类辅导班，使得孩子小小年纪就疲于奔命。为了不输在起跑线上，家长将所有本该被定义为"兴趣"的东西，活生生变成任务，让这个本该最为光彩夺目的童年阶段变得暗淡失色，不堪回首。电视剧中，被大人们掠夺了童年的小女孩，只能用装病和一趟趟地上厕所，来给自己偷得半日闲，看似调皮，却表达了孩子最深的无奈和抗拒。

这是爱孩子，还是在费尽心思装点我们的面子？这是对孩子表达爱，还是以爱的名义给他们绑缚镣铐？这是陪伴他们一起长大，还是强行代替他们成长？这到底是爱，还是自私呢？

很多父母也很委屈，他们从孩子出生那天起就背负着让孩子在这个社会中立足的重担，而且随着孩子一天天地长大，做父母的也会对自己的角色愈加难以把握，不知道该以怎样的心理和方式表达对子女的爱。其实，这些本就正常，毕竟孩子都会慢慢长大，也必须离开父母的庇佑去开辟自己的道路，随着他们知识和生活阅历的增长，他们会形成自己的意识和判断标准，也会选择和铺就自己的那片天地。没有任何人能对别人的未来负责，因为成长这件事不能为他人所替代。

究竟父母要以怎样的方式，平和而又热烈、理性而又温柔地表达对孩子的爱，并让这种爱润泽孩子的一生，成为他们成长的养分呢？

被誉为"知心姐姐"的卢勤老师，给出了这样的答案，希望能给各位父母一些参考——

用爱的目光注视孩子，用赏识的神情告诉孩子"太好了，你让我骄傲"；

用爱的微笑面对孩子，这样传递给孩子的信息是"我爱你"；

用爱的语言鼓励孩子，爱的语言能够培养出懂得爱的孩子；

用爱的渴望调动孩子，聪明的父母总会给孩子留一点儿"渴望"的余地；

用爱的细节感染孩子，细节最能使人动心，要让孩子从生活细节里学会发现爱、感受爱，善于收集爱的细节的人会始终充满激情；

用爱的管教约束孩子，让孩子自小懂得每个人都要对自己的行为负责，要走好人生的每一步，溺爱往往会剥夺孩子童年的快乐；

用爱的胸怀包容孩子，让他们有重新开始的机会，所有的生命都应该得到尊重；

把爱的机会还给孩子，让他们体验到：索取可以使人满足，但付出才会收获真正的快乐。

现在开始，帮助你的宝贝变成你希望的样子

儿童心理学认为，一个不听话的孩子，一定也是一个自己的心声不被他人所聆听的孩子，他渴求被理解、被关注、被欣赏。而那些太听话的孩子，

也一定是一个被压抑的孩子，他们觉得，不听话是大人所不允许的，只有听话，才能从大人那里获得足够的爱。

要想让你的孩子既听话又有主见，父母在家庭教育中就一定要遵循"教养平衡"。那么，何谓"教养平衡"呢？我们先一起来思考这两个问题：

我们想要孩子成为什么样的人？

我们要成为孩子什么样的父母？

对于第一条，从逻辑上似乎很难行得通，因为即便是躺在襁褓中的婴儿，也有自己先天的个性和需求，并不能因为他是你生育或者养育的，就可以由着你按照自己的愿望把他塑造成你想要的样子，所以，"想要孩子成为什么样的人"，并不是父母能完全掌控和把握的。而父母作为孩子的第一任也是最为重要的老师，其言行举止、教养方式，对孩子的性格形成和未来发展有着潜移默化的影响，而且"成为什么样的父母"，恰恰是所有父母能够很好把握的。所以，父母在花力气规范孩子言行的同时，如果也能严格要求自己，先让自己成为孩子需要的父母，这样，才能有效地帮助孩子变成你希望的样子。

比如，你想让孩子听话，那么，你的着力点就是成为一个"我的话孩子愿意听"的父母；你想让孩子有主见，你就要成为孩子眼中的"有主见的爸妈"。

下面先来讲讲如何成为一个"我的话孩子愿意听"的父母。很多父母觉得，孩子有孩子的欲求，大人却有大人的规则，要调和这两点很难。不过，如果父母能做到以下几点，孩子自然很愿意听你的话。

规矩明确，言出必行

每个家庭都会设定很多长期和临时性的规矩。比如，吃饭的时候不许玩儿玩具，这就是长期性规矩；今天乖乖吃药就能有蛋糕吃，这就是临时性规矩。无论是什么样的规矩，父母在制定和实行过程中，一定要明确、规范，允许就是允许，不允许就是不允许。比如，和孩子事先商量好今天去超市只能买一种东西，但是由孩子决定买什么。那么，如果孩子买完玩具还想要冰激凌，父母就要明确拒绝，倒不用发多大火才能让孩子长记性，只要态度鲜明坚决即可。同时，既然答应将购物选择权交给孩子，那么，不管孩子选择的物品在家长眼里是多么不适合他的年龄段，或者性价比多么低，家长也不要干涉，一定要尊重孩子的决定。

如果父母因为自己的原因，一时无法践行对孩子做出的承诺，则要真诚地道歉。把孩子当成与大人平等的人，就像我们对朋友那样真诚致歉。

让孩子确切明白，你在为他着想

很多父母眼中的"叛逆儿童"其实也有着自己的委屈："妈妈不让我爬滑梯，我觉得没问题""是爸爸想让我学书法的，我又没兴趣"……父母对孩子的管教，肯定都是在为孩子着想，不让爬高是为了安全，学书法是为了孩子未来成长，没有哪个父母，让孩子做这些事情的初衷是让孩子不快乐。

但是，为什么父母的良苦用心不被孩子理解并感恩，反而造成亲子间产生隔阂了呢？这是因为，父母大多不会花功夫去了解孩子的需求，所以他们给孩子的并不是孩子想要的，而且，对孩子的教导，由于方法不正确，也无法让孩子确切感觉父母是在为他们着想。

比如，父母周末花大价钱把孩子送去上钢琴课，但孩子好不容易看到父母不用上班，能在家里待个整天，最想做的是想让爸妈好好陪着自己，那么，周末的钢琴课对孩子而言，就不是"爱"，而是"强迫"。

父母一定要学着了解和理解孩子，他需要陪伴，就多陪陪他；他想要出行，就多带他去看看世界。

赢得孩子的信任

父母在对孩子提出要求时，一定也要以此为标准严格要求自己。比如，你要求孩子好好学习，但自己在生活中处处懒散、得过且过；你要求孩子诚实，自己却在人际交往中故弄玄虚、谎话连篇。孩子都很敏感认真，父母再多的教导也比不上以身作则，所以，这样的父母无法让孩子信服，讲出来的话自然也不会被孩子所遵循。总之，如果父母在孩子眼中是说话算话、处处为他着想且又不强迫的形象，孩子有什么理由不听父母的话呢？

那么，在教会孩子听话的同时，又如何让他有主见、保持自我呢？

首先，父母要允许孩子做自己

儿童和成年人有着截然不同的世界，大人不理解儿童为什么上蹿下跳一刻也闲不住，儿童也不懂大人们为什么每天都有那么多要干的事情，反而没有工夫陪伴自己。虽然无法用语言清晰表达，但他们会怀疑，是父母不喜欢他们，还是自己做得不够好。

这就需要大人通过学习、观察来理解孩子。在了解到这些客观的不同之后，我们能不能让他们安心做那个淘气又需要父母陪伴的孩子呢？

其次，相信孩子能做好自己

自由是人类的天性，而父母对孩子的诸多限制，背后就是对孩子的不放心和不相信。"宝宝，多吃点儿，不然一会儿会饿""这个你还不会，我来吧""这样做不对，你得……"哪怕他只是个牙牙学语的孩子，吃不饱会饿、穿不暖会冷的道理，他会自然而然地掌握，可是有的父母常常去会掠夺孩子学习的机会。实践出真知，如果父母从来不给孩子试错的机会，破坏了他们学习的自主性，那么，就别期望孩子长大成人后能自主地去认识和探索这个世界了。

第十一章

妈妈信箱：0~3岁

孩子妈妈最关心的问题

你的3岁孩子是不是上幼儿园了？你的孩子爱打架吗？你的孩子是不是变得磨磨蹭蹭？你的孩子是不是开始对性别敏感了？你的孩子是不是越来越任性？你的孩子是不是有心事……每个孩子在3岁时都会或多或少地存在一些问题，这是他们成长中的必经之路。担心是没有用的，想出解决办法才是王道。

要不要给3岁的孩子报兴趣班

孩子到了3岁的时候，很多父母开始为他们报各种各样的兴趣班，可是你的孩子对所谓的兴趣班究竟有没有兴趣呢？

如果孩子对兴趣班不感兴趣，父母最好不要强迫孩子学习一些他不愿意学的技艺。应该在了解孩子天赋的基础上培养他的良好兴趣，对他进行科学的训练。

如果你的孩子愿意参加一些兴趣班，可以给孩子多一点儿这方面的知识接触，尤其是音乐、美术、舞蹈、戏剧的启蒙，发展孩子对自然形体、色彩、质感等方面的感知。不管孩子将来是否能成为这方面的天才，这些学习都会让孩子终身受益。

没有经济条件的父母也不必着急，只要平时多给孩子创造接触大自然的机会，多进行亲子阅读和亲子游戏，节假日多带孩子去博物馆和展览馆等公共学习场所参观和参与活动，同样可以培养和发展孩子的兴趣。

孩子和幼儿园的小朋友闹矛盾怎么办

孩子进入了幼儿园，就要学会处理幼儿园的人际关系，尤其是与小伙伴之间的矛盾。孩子之间产生矛盾很正常，出现了矛盾，有的孩子会跟父母说，有的孩子则会告诉老师。无论如何，遇到问题，自己无法处理时，孩子能及时告诉父母和老师是好事。

遇到被幼儿园小朋友欺负的情况，父母应尽可能从孩子的角度去了解事情的始末，并引导孩子思考对方为什么欺负自己，积极寻找解决的办法。如果孩子自己想不到办法，父母可以适当地讲解一些方法和技巧。实在处理不了，再考虑与对方父母或老师沟通，但最终还是要让孩子自己去解决问题。

需要注意的是，父母不要直接去质问与孩子发生矛盾的小朋友，这不利于解决问题。孩子之间不会有特别大的矛盾，而且冲突的解决往往会让小伙伴之间的了解加深，最终会巩固彼此间的友谊。因此，明智的父母一定要抓住这个机会教导孩子，不要盲目替孩子"善后"。

如果孩子是因为做错事而不敢告诉父母，父母也不要责骂，而应该用平和的语气了解事情发展的经过，并且提出自己的建议。任何惩罚都必须在了解事情的经过，或等孩子的情绪缓解后实施。

最重要的是让孩子明白，做错事情后，要敢于去面对和承担责任，并且通过其他方法和行动弥补错误。

孩子总爱问"为什么"怎么办

3岁左右是一个富于幻想的年龄段，视觉、听觉和触觉等感官正在发育，渴求认识新事物的欲望也随之增长，因此对于那些没有见到过的事物他都会产生浓厚的兴趣。但是，此时孩子的认知能力非常有限，想要知道答案，就必须通过问"为什么"来得到父母的帮助，而且常常要打破砂锅问到底。

当孩子提问时，父母回答问题的态度相当重要，切不可表现出不耐烦，甚至责骂孩子。很多时候，孩子并不是非要一个确切的答案，他只是希望自己的提问受到重视。如果父母对他的提问表示出关注，哪怕不能给他一个满意的答案，他也会受到极大的鼓舞。

回答孩子的提问，最重要的是真诚。孩子一旦提问，父母就应表现出积极的态度给予支持，要有足够的耐心回答他的问题。如果确实很累或者很忙，可以对孩子说："你提的这个问题很有趣，但是爸爸（妈妈）现在很累，很忙，我明天再回答你，好不好？"但要记住，既然答应了孩子，就一定要说到做到，不可食言。

当父母被孩子问倒时，千万不要敷衍了事，用糊弄的态度支吾过去，更不宜将一些荒诞的、不科学的内容灌输给孩子。这时，父母可以坦诚地告诉孩子："这个问题妈妈（爸爸）也不知道，没办法回答你，等我找到答案再告诉你。"这样能使孩子体验到寻找和发现答案的快乐。

当孩子在公共场合大吵大闹时怎么办

孩子令父母尴尬的事情数不胜数，比如在公共场合突然哭闹，甚至引来路人的围观也不足为奇。那么孩子在公共场合发脾气，家长到底要怎么办？

方法一：转移注意力

越小的孩子注意力的集中时间就越短，所以，在宝宝情绪失控的当下，转移注意力是第一个值得尝试的办法。孩子的情绪来去不定，转移注意力明显比"不要哭了"的训斥更为有效。

必须注意的是，父母可以尽可能转移孩子的注意力，但切忌以"贿赂"的方式讨好孩子，比如，对孩子说："别哭了，妈妈明天给你买玩具""你乖，我就给你糖吃"等。

方法二：严重警告后，再给孩子一次重来的机会

当转移孩子注意力的尝试遭遇失败时，父母可以就孩子的行为后果进行警告，让他明白利害冲突之后，再给予他一次重新来过的机会。有些孩子了解到哭闹发脾气的后果后，就会慢慢安静下来，或按照父母的期望重新表现，父母一定要及时鼓励他们的好行为。

方法三：马上离开现场

如果前两个方法对孩子仍旧收效甚微，且孩子的哭闹有越演越烈之势，这时父母要做的，就是带领孩子离开现场。在大庭广众之下，如果任由冲突继续加剧，一些家长可能会为了维护自己的面子而向孩子屈服，另外一些家长则可能当众责骂，使得场面更加失去控制。这时，如果父母能将孩子带到安静的地方，比如车上、商场母婴休息室等，静静地让孩子发泄，这对大人也是难得的冷静机会。

方法四：彼此冷静后，再寻求行为的修正

当孩子情绪缓和之后，父母可以简明扼要地指出他的错误行为，并对其进行引导纠正。比如可以在孩子停止哭闹后告诉她："那么多叔叔阿姨在，你在饭桌上大吵大闹是不对的，更不能打妈妈。等你安静了，我们可以继续进去，跟叔叔阿姨们道个别离开。如果你继续哭，我以后就不会再带你参加这种活动了。"当孩子表示不哭要继续进去时，记得给孩子一个拥抱，别再唠叨。

当然，对于孩子在公共场合发脾气这件事，现场应对是一个方面，更重要的，还是平时生活中就应该对孩子的情绪进行纠正。

（1）允许孩子有脾气。发脾气是每个孩子成长中的必然现象，特别是

1~3岁的孩子，困了、累了、父母关注少了、企图用发脾气控制大人，都有可能成为他们生气的导火索。对此，家长要保持耐心，找出原因与适合彼此的解决方式，给孩子的发脾气行为一个过渡期。

（2）对孩子发脾气这件事关注越多，孩子的脾气就越大。孩子一发脾气父母就表现出紧张，这反而会让孩子觉得发脾气是他获得关注甚至"挟持"大人的砝码，就会更加频繁地使用。相反地，如果父母在日常生活中对孩子的发脾气行为临危不乱且不过分关注，反而会让孩子表现良好。

孩子怕去医院，妈妈怎么办

对孩子而言，医院是个抹不掉的噩梦。而几乎所有家长谈起带孩子去医院的事情也是苦不堪言。在医院最常看到的一幕就是，父母抱着生病的孩子去医院，脚还没迈进诊室的门，声嘶力竭的哭声就先传了进去。有些孩子甚至因为不想进诊室而赖在地上打滚，大哭大闹。

去医院到底有什么可怕之处，会让孩子拼命抗争？

其实，孩子讨厌医院，大概有这样几个原因：一是以前就医时的不愉快经验，比如看见尖尖的针头时的那种害怕、当针头扎入皮肤时的那种疼痛、医生检查嗓子时用压舌板造成的恶心，甚至偶尔一次的输液，任何不好的记忆都会被孩子牢牢记在心里，并被无限放大；二是生病的孩子需要父母的爱和呵护来抵御来自身体的不舒适感，但气味难闻的医院、陌生的医生，让本就不舒服的感受变得更加严重；三是平时生活中为了让孩子安静下来，大人总是以"再不听话就带你去医院打针"的说法来恐吓小孩，长此以往，即便是没去过医院的孩子，也会对医院这个地方产生莫名的恐惧。

由上可知，孩子之所以会讨厌医院，害怕就医，除了医院和医生本身的一些因素之外，父母作为孩子的看护者，要帮助孩子减少恐惧。

1.由亲近的人带孩子去医院

刚出生的孩子，对于去医院这件事并没有概念，一般要到9个月之后，他才会对医院心生恐惧。9个月大的宝宝开始学会认人，所以，陌生的人和环境，都会让他觉得害怕，而在身体不舒适的情况下，出于对安全感的需求，这种恐惧感会更为强烈。所以，为了不给孩子"雪上加霜"，去医院这件事，最好让他最为亲近的人来做，熟悉感和安全感会帮他抵消不少恐惧。

2.不要用医院吓唬孩子

要减轻孩子对医院的恐惧感，最重要的，就是别让孩子觉得医生的一举一动，都会给他造成疼痛甚至伤害。所以，父母平时千万要避免用说去医院的话吓唬孩子，比如"穿上棉袄才能出去玩儿，不然感冒了就要去医院打针""好好吃饭，再不吃饭护士阿姨就要来咱家给你打针了"……这些话都不宜说。此外，父母带孩子在医院候诊时，也不要反复叮嘱孩子诸如"打针时候别乱动，不然扎偏还得再来一针"之类的话，换个角度去说，孩子未必就听不懂，孩子的恐惧感也能减少。比如，可以这样告诉孩子："看那个小哥哥，大夫给他打针的时候他一动不动，是不是就能很快完事儿，回家看电视、吃好吃的啦？"

3.用游戏让他熟悉过程，减轻焦虑

在家里可以多陪孩子玩儿"去医院"的游戏，让他假扮大夫，让玩偶充当病人，模仿在医院见到的各种人物和诊疗过程。比如，小兔子生病了，宝宝大夫就要给它听心脏、量体温，然后让扮作护士的妈妈帮小兔子打针……

当然，讲故事也是让孩子正确认识医院存在的意义、减轻恐惧感的一

种有效手段。父母可以有意识地给孩子讲一些和去医院看病有关的故事，让孩子了解生病了为什么要看大夫，为什么要吃药。同时，也可以购买一些图文并茂的介绍医院的书籍，让孩子知道有关医院诊疗的一些简单常识，明白诊疗过程是为了查明病因，让他恢复健康，从而打消对诊疗过程的恐惧。比如，大夫为什么要用压舌板压住他的舌头，为什么会用手电筒照他的喉咙，让孩子觉得这些做法有趣而神秘。

4.事先沟通

去医院之前，父母最好要诚实地告诉孩子他们要去的地方、可能会面对的诊疗、也可能会打针，或者也可以让去过医院的小朋友跟孩子进行经验分享，这些做法，都会让孩子从心理上有所准备，从而降低就医时哭闹的可能性。父母不要试图先把孩子骗去医院，之后再想办法蒙混过关，这样的结局只能更糟。

孩子喜欢待在家里，不愿意出门怎么办

那些由妈妈一个人带大的孩子，如果妈妈很少出门，那么通常孩子也不愿意走出家门。再加上现在的孩子被牢牢"囚禁"在钢筋混凝土构筑的高楼里，整天生活在电子产品所制造出来的"虚拟空间"中，自然而然就远离了蓝天、白云、阳光、花草、动物等大自然因素，变得越来越"宅"。

对于那些喜欢"宅"的孩子来说，要让大自然成为他们最喜欢、最乐于研究的一本教科书。他们可以通过观察动物、植物，以及探索天文地理来获得知识；他们可以通过看、嗅、触摸来探索不同的对象，学会观察、比较、分类；还可以通过与花草、树木、鸟虫等生物的共处，培养爱心和尊重生命的观念。多带孩子回归大自然，是培养他们健全性格的重要途径之一。

毫无疑问，合格的父母必须经常带领孩子走进大自然。其中，郊游是孩子亲近大自然的一种很好的方式。父母可以利用节假日和孩子去郊外踏青、放风筝。在空旷的郊外，让孩子跑一跑、追一追、跳一跳，在大自然中游玩，可以让他们获得不一样的成长体验。

另外，父母要为孩子树立勇于社交的好榜样，平时要带着孩子去接触、认识周围的人。比如带着孩子去公园、广场，或者为孩子报一些兴趣班，让孩子多与不同年龄阶段的小朋友相互认识，感受不同的社会关系。到了外面，大人可以先带着孩子主动和大人、小朋友打招呼。如果孩子不太愿意，父母也要坚持把榜样做好，让孩子逐渐感受到与人交往的乐趣之后，孩子就会慢慢接受和习惯。

孩子出现咬人、打人行为怎么办

令不少父母烦心的是，孩子不知道从什么时候开始，爱上了咬人、打人这种技能，稍有不悦就会咬住爸爸妈妈的手臂不松手，或者不高兴时，又会把旁边的小朋友推倒在地。

打人、咬人是宝宝身心发展的自然表现

1~2岁的孩子习惯用嘴巴和手探索世界，所以，语言能力还未发育完全的他，一旦遇到没办法用肢体和仅有语言表达的需求，或者以他自己的能力无法向外界充分表达的情感、挫折和困难时，就难免用咬人、打人来表达感情，抒发自己的挫败感。而对于身处萌芽阶段的孩子来说，"咬人"

这件事情就更加正常了，牙齿的发育让他的牙龈感觉不舒服，所以他的咬人行为，大多不含有敌意，而是通过咬来释放牙龈内部的压力，让自己变得舒服些。

2~3岁的孩子，咬人、打人则有着非常明确的目的。这个阶段的孩子，自我意识已经萌芽，出于对所有权的保护，他会用敌意和攻击行为实现自我防御和对所有物的维护。有时，周围环境以及父母情绪的变化，也会被孩子感受到，为释放压力，有时也会外化为攻击行为。当然，看多了成人以暴力方式解决问题，爱模仿的孩子也会以为这就是解决问题的方式，而变得崇尚武力。

总之，大多数宝宝的咬人、打人行为，其实是身心发展到一定阶段的自然表现，与性格暴戾并无太大关系。这需要父母仔细分辨，耐心引导。

六个方法改变孩子打人、咬人的习惯

1.及时控制事态发展

在孩子出现打人、咬人行为时，父母一定要坚定地告诉他"不能咬人""不能打人"。如果孩子正处于激动状态，对这样的劝说完全"免疫"，请立即抱紧他，一来可以阻止孩子的动作，二来可以缓和他的情绪，也能保证自己不被孩子的拳打脚踢伤害。

等孩子情绪稳定后，可以尝试说服他向被伤到的人道歉，哪怕只是一句简单的"对不起"，也能让他对自己刚才的行为有所补救。如果孩子的情绪不能及时平复，或者即使平复却仍旧倔强地不愿意道歉，父母可以先代替孩子向对方及家人进行道歉，然后带他离开现场，找个安静的地方继续进行交流。

2.了解孩子行为背后的原因

父母可以通过冷静观察、简单询问和快速判断，来分析孩子"打人""咬人"背后的原因。不要一看见孩子发生攻击行为就怒气冲冲地进行质问，因为情绪激动中的孩子在这个时候一般不会告诉父母实情，也很容易引发父母和孩子之间的冲突。

在分析出导致孩子暴力行为的原因后，试着拥抱孩子，明确表达对他的行为和想法的理解。比如，"妈妈知道那是你心爱的玩具，XX不该不打招呼就拿走的""我知道是他先弄疼了你"……这样的举动能够让孩子激动的情绪快速缓和下来，他也更愿意将实情原原本本地告诉父母。

3.让孩子了解不当行为的后果

千万不要以暴制暴，如果父母因为孩子的暴力行为再对他进行体罚，那就是用实际行动告诉他，暴力是最权威的处事手段。

父母要告诉孩子，咬和打都会使对方疼痛，这种同理心的培养确实是一个漫长的过程，父母可以客观冷静地帮孩子分析行为可能导致的后果，但绝对不能为了强调这种感受，就给孩子增加太多负担，比如说"XX都不敢跟你玩儿了，因为你一生气了就会打他"之类的话。

4.教会孩子情绪表达的正确途径

设置不同场景，细致地教会孩子用言语和动作来表达情绪，比如，喜欢对方，就可以拉住他的小手；对于自己不愿意做的事情，就大声告诉对方"不"；遇到处理不了的情况，要及时告诉父母和老师；等等。

5.帮助孩子合理释放压力

尽量通过调整周围环境、改变成人情绪，来帮助孩子释放压力。或者带孩子做一些他喜欢的事情，或者去接触大自然，来帮助调整他的情绪。另外，给长牙阶段的孩子准备一些适合摔打或啃咬的玩具。

6.不过多评价孩子的行为

对打人、咬人行为的过多关注反而会起到强化作用，所以，不要因为你的孩子偶尔出现这样的行为而大惊小怪，更不能因此就给孩子贴上“霸道”“暴力”等标签，要知道，你觉得孩子是怎样的，孩子就会朝着你认为的方向发展。

孩子很霸道怎么办

孩子生性霸道，不仅会给父母带来尴尬和困扰，而且也使孩子不能与别人很好相处，久而久之，就会成为别人眼中“不受欢迎的人”，从而影响其性格和社会交往能力的发展。那么，究竟孩子为什么会从“小可爱”变成“万人烦”呢？

1.自我意识太强

有的孩子自我意识太强，而且太自以为是，喜欢所有的事情都由自己决定，也希望每个人都能听命于他，所以在人际交往和集体生活中处处争强好胜，不允许别人对他有所忤逆，甚至会欺辱别人。

2.受环境影响

有的父母过于专制，孩子在家庭生活中感受不到应有的温暖和起码的自主权，长期的“压迫”就使得在这种环境中长大的孩子不由自主地将父母的处事方式应用到自己的人际交往中，靠与他人斗猛斗狠欺压别人。另外，在“压迫”环境下长大的孩子，一旦经历过以武力反抗获得成功的经验，就错误地以为可以靠武力和蛮横征服一切，将偶尔为之变成了习以为常。

3.父母的溺爱

现在的家庭大多是六个大人疼爱一两个孩子，大人对孩子的需求，一定竭尽所能地满足，所以久而久之，就让孩子形成"我想要的我就一定能有""我希望的事就一定能办到"的想法，表现在行动上，就是多吃多占，即便不合理的要求也一定要满足。

了解了孩子霸道的原因，父母又该如何改造孩子的霸道呢？

改造霸道孩子的五个小妙招

1.冷处理，冷静后逐步引导劝说

面对孩子的无礼行为，父母的温言劝说毫无效果时，应切忌以暴制暴或一味忍让，这时候最为科学的做法，是将孩子放在一个安静且在父母视线内的区域，在不使孩子太过难堪的情况下，坚决不理会他的任何哭闹。在孩子冷静之后，尝试与孩子进行沟通，指出他的行为的错误之处，逐步引导他认识到自己的行为是不恰当的。

2.强化孩子的良好行为

从行为治疗的观点来看，如果孩子有某方面的不好行为，那么，就要想方设法地引发他另一方面的良好行为。而且，一旦孩子的良好行为出现，就要及时抓住机会，通过肯定和称赞，强化孩子的良好行为，让好的行为成为孩子的习惯。

3.让孩子照顾比自己小的孩子或饲养小动物

通过照顾比自己小的孩子，能够让孩子在帮助别人的过程中感受到快乐，同样地，饲养小动物，也能够培养孩子的怜弱之心，从而减少霸道之气。

4.建立平和民主的家庭氛围

父母要一改全家人围着孩子一个人转的状况，把他当作独立、平等的家庭成员，遇事一起协商，参与讨论决定。这样，孩子就不会产生太强烈的特权意识和优越感，同时也会在平等民主的家庭氛围中顾及别人的想法，不会再以自己的想法和需求作为唯一衡量标准。

5.帮助孩子建立良好的人际关系

多带孩子参加孩子间的社交活动，鼓励他多和同伴一起玩耍，并在这个过程中教会孩子如何分享，以及如何照顾弟弟妹妹。孩子的自尊心都是很强的，他会很喜欢这样的新角色，同样也会因为在这个过程中感受到足够的愉悦而产生建立良好人际关系的欲望。

3岁孩子有吮吸手指的习惯怎么办

很多妈妈看到孩子吮吸手指的第一反应是阻止，"多脏啊""吸多了空气肚子会疼""老这么吸，手指头都变形了"……很多时候孩子即便被打断，没过一会儿，他的小手又会伸到嘴里。那么，孩子为什么会喜欢吃手指呢？这种习惯一定要戒掉吗？

人类从出生开始就会吮吸，而吮吸手指，一方面会给孩子带来安全感，以抵抗因为对这个世界的不熟悉而产生的焦虑；另一方面，孩子本身就具有吮吸的需求，而吸手指带来的满足感和吃母乳的感受是不一样的，因此，孩子即便已经吃饱了，也还会把小手放到嘴里不停地吮吸。

因而，专家指出，吃手指是每个孩子成长过程中的必经阶段。在年龄较小的孩子中，十有八九都有这种现象，甚至有些宝宝在妈妈子宫内就会吮吸手指了。到了1岁左右，大多数宝宝的吸手指习惯就会逐步消失，4岁之后，只有5%～10%的孩子会出现这个动作。而且根据专家研究，在6岁之后还保持吃手指习惯的孩子，和已经戒掉这一习惯的孩子相比，在人格上并无太大差别。唯一不同的是，到6岁还吃手指的孩子，大多在早期有过被父母强制戒除这一习惯的经历。所以，在孩子4岁前，也就是恒牙长出来之前，吸手指并不是什么坏习惯，强迫戒除反而会让他失去安全感，给他的成长发育带来不好的影响。

虽然吸手指并没有那么可怕，但是必须谨慎预防吸手指给健康带来的不好影响。一是谨防细菌入侵，孩子的手洗得再勤，也难以避免细菌的存在，一旦孩子在吃手指的过程中吃入太多细菌，就有可能引发肠胃感染或其他病症；二是谨防颜面变形，孩子吃手指时，手指难免在口腔内蠕动，时间久了，可能会干扰孩子上下颌的正常生长，还会影响孩子的容颜；三是谨防手指受伤，手指每天都泡在嘴里，很容易造成脱皮、肿胀等外伤，长期吮咬，手指的骨骼发育也可能变形；四是谨防影响牙齿生长，在吸手指的过程中，如果正好赶上长牙阶段，手指的乱入会影响牙齿的排列、咬合。

所以，要允许孩子吮吸手指，但要预防过度吮吸，要做到这一点，最好从孩子婴儿时期就着手。

（1）尽可能实现母乳喂养，让孩子充分享受吮吸的快乐。

（2）如果要断奶，应先让孩子逐渐适应辅食和配方奶，不要突然断奶，让孩子感到焦虑和突然失去安全感。

（3）爸爸妈妈要准确分辨孩子的各种需求，对于那些必需的和合理的，要及时予以满足，同时，也要多陪伴和拥抱孩子，多陪孩子做游戏，参加户外活动，睡前给他讲轻松愉快的故事，让他随时都能感受到安全、幸福和满足。

（4）孩子睡醒后，不要让他单独在床上待太久，以免他因为无聊有意无意地把手指伸入嘴里，从而养成吮吸手指的习惯。

（5）如果孩子已经出现吮吸手指的行为，那么，应该尽可能及时地把他的手指从嘴里拿出来，然后用玩具或者是给他一块儿磨牙饼干，来转移他的注意力。

孩子3岁了还是尿床怎么办

多数孩子在2~3岁时就不再尿床了，有些孩子会晚些，这是自然而然的过程。

孩子偶尔尿一两次床是完全正常的，就是大孩子也会出现尿床的情况。不论你的孩子已经几岁了，都绝对不要因为他尿床而羞辱或嘲弄他。这会严重伤害孩子的心灵。

有些孩子会因为心理压力而偶尔出现尿床的情况，但因紧张而尿床的孩子只占20%。许多孩子尿床是因为他们睡得太沉，以致他们完全意识不到膀胱已经胀满。

当孩子尿床时，父母可以这么做：

（1）可以告诉孩子这是成长过程中十分常见的一种现象，而且很快就会消失。

（2）提醒孩子在睡觉之前小便一次。

（3）可以让孩子帮你一起更换被褥，同时还要跟他解释这并不是一种惩罚。而要让孩子知道自己在帮父母的忙，他的感受会好一点。

（4）如果是膀胱功能不健全，可以让孩子多喝水以增加膀胱容量，并适当憋尿以训练他的控制力。

（5）消除引起孩子尿床的心理因素。及时发现孩子内心的焦虑、紧张，教孩子学会放松。可以在睡前听听轻松的音乐，缓解紧张的情绪。

（6）当孩子尿床时，不能嘲笑孩子，这会损伤他的自信心。应该对孩子不尿床的行为多加表扬和奖励，使孩子对不尿床的行为有愉快的情绪体验，进而巩固良好的行为习惯。

孩子动不动就哭怎么办

有些小孩子特别爱哭，遇到不开心的小事就哼哼唧唧，事情再稍大些就大哭大闹，不但别人讨厌，父母也常常束手无策。

无论你家孩子是因为哪种原因成了"爱哭精"，爱哭总是一种不好的习惯，不仅不利于孩子的身体健康，更可能使孩子变得懦弱或专横，从而走上性格的两个极端。所以，对于孩子爱哭这件事，父母也不能一笑了之，应该以科学有效的方式，将其作为一种不好的习惯予以纠正。

第一，理解孩子的敏感性。无论是身体上的感觉还是情感上的灵敏度，儿童都比大人更为敏感，所以，作为大人，要理解孩子的敏感性，不能因为孩子在你心烦的时候或者人多的场合哭闹起来就严厉斥责，试图以强权压制哭闹，这对孩子而言是不友善、不道德的。相反地，为了让敏感的孩子少哭泣，更应该给予他足够的同情与关爱，鼓励他成为强者，以减少他的孤独感和脆弱感。

第二，别为孩子乱贴标签。有的父母觉得，要想克服孩子行为中的某方面缺点，就一定要多说、多强调，因此便给爱哭的孩子贴上敏感、多疑、爱哭的"标签"，反复说起，企图以激将法让孩子"觉悟"。殊不知，父母的评价对孩子的心理影响很大，一旦贴上这样的"标签"，以后就很难摘除。父母在平时的聊天中也要注意，不要当着孩子的面向别人诉说他的缺点，更不要在诉说中带上贬低性词汇，"号个没完""哭起来像狼一样"等话语，会刺痛孩子幼小的心灵。

第三，教孩子用语言表达内心。父母在生活中可以有意识地教孩子如何用语言表达情绪，可以一条一条地教给他诉说自己不同的情绪，也可以将自己的情绪表达给孩子听。当情绪表达得清楚明了之后，"对症下药"就容易多了，孩子哭的机会也会少一些。

第四，对于以哭来要挟父母的孩子，不强化是父母最基本的应对方法。孩子哭，就不要理睬，让他去哭，千万不能因为心软而迁就。经过这样的试探，孩子明白哭这个"武器"并不能奏效，自然就会忘记这种手段了。

第五，生活中多点儿鼓励少些批评。提升孩子的自信心，是抵御敏感情绪的绝佳手段，因此，父母在生活中要多发现孩子的优点，少看错处，虽然孩子不能每件事情都做到尽善尽美，但只要他尽力了，就值得赞扬。比如，当孩子骄傲地告诉父母"我自己洗手了"时，父母就应该先鼓励他能自己的事情自己做，而忽略他把水撒得到处都是这件事，水撒了，擦掉就好了！

孩子是"破坏狂"，怎么办

很多父母都会抱怨自己的孩子破坏欲太强，不论是玩具还是家居用品，只要到他们手里就难逃"厄运"，一会儿就被分解得支离破碎。而且教育过后还是不长记性，他们到底怎么了？

心理学家将孩子的这种状况称为儿童破坏性行为，虽然孩子们的原因和"症状"各有不同，但被普遍认定为是孩子成长过程中的正常现象。

有限的控制力和强烈的好奇心，被认为是导致"破坏狂"的最基本原因。3岁孩子对这个世界普遍都抱有非常强烈的好奇心，也希望能通过自己的方式去一探究竟，但是，3岁孩子的身体协调能力发展毕竟有限，他们探究事物的出发点虽好，也难免因为精力或能力不足造成破坏。模仿也是孩子造成破坏的一个原因，3岁孩子总想着能够像爸爸妈妈一样做很多事情。

觉得好玩儿，也会导致发生破坏行为。孩子在没有形成成熟规则意识之前，只要是他们觉得好玩儿的、有意思的事情，就有可能去做，比如，用蜡笔在墙上乱涂乱画，把爸爸的书撕成碎末模仿"下雪"。另外，当孩子的一些合理要求被拒绝，或者遭受一些他无法排解的挫败后，也可能用破坏的方式来表达抗议、伤心或失望。

了解了"破坏狂"行为背后的原因，父母应该以宽容的心态来对待家里一团糟的情形，也可以有意识地采取一些措施，在不挫败孩子探索精神的前提下，将损失降到最少。

要点一，正确为"破坏大王"挑选玩具

既然孩子以不断地拆装为乐，那么，父母就可以特意为他选购那些结实或者经拆的玩具。如乐高、积木、插板和橡皮泥等，都可以让孩子自由拆搭和建造；魔方、魔棍、小型拼图等智力型玩具，能让孩子在操作中提升智力。而布、纸、沙子等自然材料，则能为孩子提供更为广阔的探索和创造空间。

要点二，在玩耍中引导孩子的创造性

父母不要一看见破坏就气急败坏，严厉批评，或者说出"下次再也不给你买了"之类的话语，因为这样的批评和威胁很可能会扼杀孩子难能可贵的探索精神。相反地，父母要采取积极手段，把隐藏在孩子"破坏"背后的创造性引导出来。

鼓励孩子适当地"破坏"，并适时参与到孩子的"破坏"活动中去，和孩子进行互动，引导他思考，帮助他一起找寻结果，这样既能够让孩子在"破坏"中获得心理和知识上的满足，又能够极大程度地减少破坏。比如，"宝贝，想不想和爸爸一起查查看，为什么这个音乐盒会自己转圈唱歌呢？"

要点三，给予孩子练习的机会

孩子的每一个行为都有意义，有时虽不一定值得鼓励，但也不会因为父母的不悦而中止。孩子对世界的理解和感知，往往是随着自己的探索而进行和逐渐深化的，但在他手眼协调能力尚不完善之时，出现的失误就有可能变成父母眼里的破坏。所以，父母不要对孩子盲目禁止或训斥，只有了解孩子的发展，细心给予引导，并让他的动作在实践中日益成熟，才能有效地避免破坏行为的发生，也有助于孩子建立自信。有些时候，对孩子耐心等待，也是最高级别的爱。

孩子总是丢三落四怎么办

丢三落四在孩子中间并不少见，孩子之所以会出现这样的毛病，除少数属于注意力障碍和个性原因外，归根结底，还是父母的原因。

很多父母不理解，孩子丢三落四，怎么能怨父母？没错，孩子丢三落四，需要反思的的确是父母，因为孩子没有条理，往往是由父母的一手包办造成的。

在孩子还小的时候，做事总是笨拙混乱没有条理，父母没有时间等待，就为孩子准备一切以节省时间。而且，很多父母也觉得，爱孩子就是要为孩子做所有事。所以，很多妈妈从小就让孩子养成了为其包办一切的习惯，为他穿衣叠被，为他整理物品，为他喂饭喂水，为他做可以做到的一切……这样的做法不仅没有帮到孩子，反而剥夺了他的成长机会，在习惯了被安排和打点好一切事情之后，需要独立时，孩子自然就容易丢三落四了。

在日常生活中，父母也没有注重孩子良好习惯的养成。丢了玩具、没了水壶，没关系，重新买就好了……家长对孩子的很多小毛病都是置之不理，不予及时纠正，有时甚至是纵容，对物质生活的完全满足又让孩子对身边的物品不甚珍惜。丢三落四看似一个小毛病，深究起来却是关乎责任感的大问题，可能对孩子一生产生重要的影响。

心理学上有个"100%理论"，是说如果所有事都是父母做，那么孩子就不用做了。如果父母完成80%，孩子自然就会去做剩下的那20%。而如果父母只做20%，孩子其实也有能力做那80%。

这就是说，如果父母手太勤，都帮孩子做了，孩子就失去了一次难得的成长机会，其潜力也就得不到有效挖掘。在发达国家里，父母普遍重视对孩子自理能力的培养。从孩子很小的时候开始，父母就会让他们懂得劳动的价值，并让他们学着分担家务活，比如洗衣、割草、简单木工修理等，无论家庭贫穷还是富裕皆如此。

授之以鱼不如授之以渔，父母其实大可交还孩子自己做事的权利，然后从旁协助，指导孩子做事的顺序和条理，比如事前的准备，先做什么，后做什么等，培养孩子良好的生活习惯。同时，在孩子丢了东西之后，父母也不应该随意漠视，而是要严肃指出孩子的错误，并要求他为自己的疏忽承担后果。比如，丢了铅笔，丢了水壶，当然可以再买，但是，一定要在父母先行垫钱支付后，让孩子用零用钱或者做家务"分期偿还"。如此的"恩威并施"，孩子才会慢慢变得能干，条理性也才能越来越好。

孩子坐车的时候不老实怎么办

孩子们大都喜欢出门，而且很多孩子一上车就特别兴奋，上蹿下跳的样子，一分钟都不停歇。一会儿窝坐在脚垫上，一会儿靠着前排座位站立起来，甚至还会爬到后座上躺下。大人们抱住他，他也手脚不老实，又抓又踢，有的孩子玩儿兴奋了，甚至还会去扒拉驾驶汽车的爸爸或妈妈。

行车安全到底有多重要，3岁的孩子不知道，而且也很难听得懂。对他而言，坐汽车就意味着到另外一个好玩儿的地方去，欢乐和兴奋自是不可言喻，而在车上的那段旅途，对他来说，则是将游乐场从家里搬到了车上，他一定要边玩儿边走，愉快地度过这段旅途时光。

面对孩子如此天真的想法，父母又怎能狠得下心来苛责他的顽皮淘气？孩子从根本上意识不到安全行驶的重要性，所以，如果只是临时打骂，除了造成亲子冲突之外，似乎没什么作用。父母应该在日常生活中早说多教，早早就将安全行车意识树立在孩子的心中。

将孩子安置在安全的位置

不管是私家车、公交车还是客车，都尽量让孩子选择后排位置。乘坐轿车时，绝不允许孩子坐在副驾驶座上，而在乘坐公交车或客车时，也一定要避开第一排。这是因为，前排位置离司机比较近，一旦孩子因为兴奋或者其他原因突然出现父母来不及控制的行为时，不会因为孩子干涉驾驶员而酿成事故。同时，相对后排座位而言，一旦发生事故，由于惯性力量，前排乘客往往会因为没有多少遮挡物而受伤，因此，无论从行车安全还是车辆本身安全来讲，让孩子坐在后排较为合适。

告诉孩子一些简单的行车安全知识

行车时的一些安全常识，父母也要较早地教给孩子，并要求他时刻记在心中。比如，行车的时候不能干扰驾驶员，无论是语言还是动作，都是绝对禁止的；不得将脑袋探出车窗外，因为疾驰而过的车辆很容易对孩子造成巨大伤害；不得在乘车时站在座位上，或者将脑袋探出天窗，危险随时都有可能发生，如果坐在车内的人本身不稳，一个小小的颠簸或磕绊，就可能酿成巨大的灾祸；在车辆行驶过程中一定要系好安全带，并抓紧扶手，即使是孩子长大之后，也要让他养成坐车抓扶手的习惯，这样能最大限度地预防意外的发生。

乘坐安全座椅

使用安全座椅，是保证行车安全最为聪明也最为省心的办法。父母可以从孩子出生开始，就为他使用安全座椅，以让他从小就适应安全座椅的存在。

而对于那些后来才开始坐安全座椅的宝宝，父母可以先把买回来的安全座椅放在家里作为他的专属玩具，让他玩耍，并让他在玩耍中慢慢熟悉。等孩子对安全座椅不再抗拒时，再把它安装到车上使用。

家长要以身作则

想让孩子在车里老老实实的，父母就一定要以身作则，一上车就系好安全带，无论多重要的事情也不做危险动作。父母是孩子的灯塔，他看见父母一直这样做，也会开始学着做的。

爷爷奶奶总是惯着孩子，怎么办

祖父母因溺爱孩子而过度干预家庭教育，常让许多父母感觉无奈。但应避免因为教育孩子的问题而与老人争吵。老人会溺爱孩子是因为父母和老人所扮演的角色不同，压力自然也不一样。对老人来说，这时他应该做的是含饴弄孙，至于主要的教养等责任，还是在孩子的父母身上；而且，从心理学的角度来看，人在年老之后的包容性会变大，对于孩子种种捣蛋不听话的行为，会不以为意，因而自然就会处处顺着孩子。那么，该如何正确处理对待长辈对孩子的教育问题？

世界上没有绝对的事，隔代亲也是如此。面对隔代亲的两个极端，父母又该如何扬长避短，协调双方关系共同促进儿童的健康成长呢？

1.两代人要统一思想

由于出生和成长环境的差异，两代人在养育宝宝的问题上自然也各有侧重。比如，老一辈人希望为孩子提供完全富足的物质条件，并满足他的身体和精神的所有需要，同时，看重道德教育，让孩子陷入纵容和束缚的夹缝中；而年轻父母则更注重孩子的智力培养和个性发展，希望在孩子成长过程中多给予他知识、自由，并赋予他探索的勇气和精神。

面对这样的差异，两代人最重要的是平心静气地沟通。年轻人多理解老人，老人多接受新思想、新知识，只有统一认识，双方互相理解和谅解，才能减少摩擦，并能不在孩子面前暴露分歧，以防止他利用分歧"要挟"父母或祖辈，造成更多的问题。

2.尊重老人为上，寻找合适平衡点

遇到分歧时，首先要尊重老人，接着再指出孩子的错误，这样才能保证家庭环境的和谐。

同时，祖辈与父辈两代人在教养孩子时要坚决理智，深爱而不溺爱，爱得从容，爱得适度。要严守爱与规则的界限，没有规则的爱不能使孩子获得好的发展，没有规则的环境也不能给孩子成长赋予足够的安全感。此外，孩子本质上是独立个体，无论父辈还是祖辈，都要冷静地看待孩子的成长，不将他看成任何人的附属，给予其自由，赋予其权利，让他自己选择要走的路。

孩子不擅长表达，很害羞怎么办

两三岁是孩子害羞的敏感期，这是他们成长的必经阶段。这时的孩子对别人的意见、对别人情感的反应敏感性增强。当他做错事受到家人或老师批评时，会感到害羞、难为情。在羞耻感的体验和表现上，女孩子要比男孩子更为明显。羞耻感的出现，也为孩子自觉遵守集体规则提供了动力和基础。

尽管每个孩子都会经历害羞敏感期，但是也有少部分孩子过于害羞，影响了人际交往，这是应该及时纠正的。这样的孩子只要一到公众场合或陌生场合，就会感到浑身不自在、说话结巴、面红耳赤，完全不会表达自己的想法，并且在各种活动中畏缩不前，不敢与人竞争。

如果你的孩子在众人面前不善于表达自己，一定不要训斥和批评他们，也不要认为孩子越大越没出息。最好的策略是多鼓励、多引导孩子参加一些集体活动。比如，平时多鼓励孩子与小朋友一起玩儿；家里来了客人可以试着让孩子接待，做一些力所能及的招待活动，为客人送茶水、送水果、搬椅子；多督促孩子参加幼儿班里的一些讨论或活动等。

增强孩子的自信心是让他克服害羞的好方法。如果你的孩子一直害怕说话，不敢表达自己的想法，你可以告诉孩子不要过于紧张，也不要担心自己会说错话，就算说错了也没有关系的。一般来说，3岁的孩子，在很多事情上都需要父母的帮助。而当他做了充满自信或者勇敢的举动后，父母的欣赏表扬就是对他最大的鼓励。

父母平时还要多与孩子交谈。再忙的父母都需要拿出一些时间来陪孩子，与你的孩子共同游戏或让他参与家务劳动，从中创造交谈的机会。谈话的主题可以联系孩子在幼儿园的生活。比如，可以问他："宝贝，你今天在幼儿园画了哪些画""你今天又和谁交朋友了"等。

任何时候都不要给孩子贴上害羞的标签。"你怎么那么害羞啊""一见生人就不会说话，真是笨死了"……或者经常当着孩子的面对别人说："瞧瞧，我的孩子就这么害羞。"这很容易让孩子认为自己就是一个害羞的孩子，以后会利用这个借口来逃避不喜欢的人，那时的害羞就成了孩子一种有意识的行为。

3岁孩子很抗拒洗澡怎么办

3岁孩子怕洗澡多是父母的原因。也许你的一次操作失误，比如，让孩子呛到了水，洗发水进入了眼睛或耳朵里……这些都会让孩子变得怕洗澡。

帮助孩子洗澡的人换了，也会让孩子不愿意洗澡。3岁孩子正处于秩序敏感期，他做什么事情都要遵循既定的次序，才能获得安全感，否则就会感觉不舒服。如果一直以来都是由妈妈给孩子洗澡，后来突然换成爸爸来洗，孩子就会觉得不舒服，因而拒绝洗澡。

在给孩子洗澡时，父母的态度很重要，一定要温和。洗澡时，不要一下子就把孩子放进澡盆里，澡盆里可以先放一点点水，在孩子有心理准备之前先用毛巾擦身或者只洗一下头和下身。如果过一段时间孩子还是不喜欢洗澡，仍然对洗澡有恐惧感，父母可以试试以玩儿游戏的形式让孩子开始洗澡，帮孩子战胜恐惧心理。

3岁孩子已经有些懂得一切行为都会造成相应的后果。这时你可以先让孩子坐在没有装水的浴盆里玩儿，然后拿来他喜爱的玩具，并告诉孩子"玩具小鸭子最喜欢在水里游泳了"，并让他明白因果关系，孩子就会被眼前的玩具所吸引。然后你可以悄悄地打开喷头，在孩子的手上先冲冲，一点点引导孩子玩儿水。当他玩儿得开心了，就会忘记之前的恐惧，慢慢就会爱上洗澡了。

如果你想让孩子一直愿意洗澡，还要注意以下这些事项：

（1）洗澡时的水温很重要，专业医生提供了一种非常方便的测量水温的方法：用你的手肘去测试水温，只要水是温的就可以了。

（2）3岁孩子到了水里，更多的是想玩儿水，这时洗澡的真正意义对他来说没有什么吸引力。因此，大人的协助是有必要的，帮助孩子洗澡时，动作一定要轻柔。洗头的时候千万不要把水弄到孩子的眼睛里，那些有过此经历的孩子，很难再愿意洗头。

（3）在孩子洗澡时，可以放一些他平时喜欢听的音乐，温柔地给孩子唱歌，和他讲话，并把他喜欢的不怕沾水的玩具拿来给他玩儿，这样可以让孩子愉快地度过这段时间。

孩子总是沉迷于电视怎么办

到了3岁左右，电视已成了孩子生活中的一部分。他们对电视里的动画片、广告等总是充满着无限的好奇，可以坐在那里一动不动地看上几个小时。

对于现在的孩子来说，他们生活的空间越来越小，而电视已经成为他们了解外面世界的窗口，可是经常看电视会扼杀他们的想象力。何况，现在的电视节目鱼龙混杂，很多都是少儿不宜的。

既然我们不能从家中搬走电视，那么就有必要减少孩子看电视的时间。看电视的时间以30分钟较为合适，这样不仅能让孩子的眼睛得到舒缓，还可以让孩子做些其他方面的活动，暂时忘记电视。

当然，30分钟的电视节目很难满足孩子的要求，如果你生硬地去关掉电视，他会使用各种手段来"折磨"你。因此，爸爸妈妈可以在20分钟的时候，提醒孩子"还有10分钟"，过一会儿再提醒他一下"还有两分钟"，这样到了限定时间再去关电视的时候，孩子就比较容易接受。

如果孩子总是在某个固定的时间看电视，比如吃完晚饭以后，马上坐在电视机前一动不动。那么，父母就可以考虑在这个时间段给孩子安排其他的活动，避免他长时间沉迷在动画片里。比如可以一起去找他的小伙伴玩儿，或者带他去公园散步，等等。长此以往，孩子就会在不知不觉中改掉沉迷于电视的坏习惯。

3岁左右的孩子能帮大人做哪些家务

过去的孩子参加一些家务劳动是生存需要，现在人们的生活水平提高了，家务劳作程度也降低了，大多数孩子很少干家务了。如今，无论是生活在城市还是农村，3岁孩子更多的是玩乐。尽管这个年龄段的孩子需要更多的玩乐，会从玩儿中得到快乐，但是父母也要让他们参与一些家务活动。对于孩子来说，做家务既是一种玩乐，也是走向独立的开始。

德国孩子擅长做家务在西方国家中是很出名的。有的德国孩子在两三岁的时候就开始在父母的指导下学做一些简单的家务活儿，如用餐前把餐具摆好，修理自家的草坪等。尽管有时仅仅是象征性的，但长期锻炼下来，他们的动手能力就出类拔萃了。大部分德国妈妈都愿意为孩子提供各种尝试的机会，因为她们明白：没有足够的尝试，孩子就不可能变得更加独立。

我们从"美国孩子家务清单"中可以看到美国的孩子在三四岁时能做的家务：很好地使用马桶，认真地洗手，仔细地刷牙，还能浇花，收拾自己的玩具，喂宠物，到大门口取回地上的报纸，睡前帮妈妈铺床，拿枕头、被子等，饭后自己把碗盘放到厨房水池里，帮助妈妈把叠好的干净衣服放回衣柜，把自己的脏衣服放到装脏衣服的篮子里。

其实引导孩子做家务，并不在于孩子干活儿多少，而在于孩子的参与过程。孩子能够参与做家务，不仅仅是可以减轻父母的负担，更重要的是可以让他更好地体验自己是家庭的一员，从小培养他的独立性和责任心。

不要忽视了3岁孩子的内在能量，3岁半的孩子可以做很多家务了，可以收拾餐桌、整理玩具、洗自己的小毛巾、给家里的花草浇水，等等。尽管有些事做得并不完美，但是他已经很乐意干这些事了。

当然，父母在教孩子做家务时，肯定要花费一些时间和精力，而且还必须降低标准，但一定要坚持下去，最后会得到很大的回报。这样的孩子不仅可以更早地独立，还能学到各种宝贵的技能。

如果家务活儿干得不标准，比如床单铺得不平整、毛巾没洗干净，就随它吧；或者告诉孩子："宝贝，我们一起来做吧。"必要时给孩子一些帮助和指导，比如，在收拾玩具时，可以在玩具箱上面贴上图片，说明什么玩具应该放在里面，这样你的孩子就会知道怎样来收拾他的玩具了。

孩子是乐于和成人一起做家务的，比如，他喜欢和妈妈一起择菜洗菜、收拾衣物，喜欢和爸爸一起整理房间、修剪花草树木等。孩子与家人一起劳动时，不但会提高他的劳动兴趣，还对提升家庭气氛的融洽度，增进亲子感情的密切性，以及培养协作精神等方面有好处。

尽管很多孩子在做家务时有很大的游戏成分，但只要孩子玩儿得开心，得到了锻炼，自尊心得到了满足，我们又何乐而不为呢？即便是事后自己麻烦一点儿再返工，也是值得的。

另外，给孩子安排家务时一定要安排他做力所能及的事情，使他能够体验到完成任务的成就感。如果家务太难，孩子很难完成，那么他就会对这件事丧失兴趣和信心，以后也许再也不愿尝试了。

对于3岁的孩子来说，确实有很多事情是他不能做的，比如，独自搬比较重的东西，自己安电插座，自己倒热水等。父母应该尽力阻止孩子做这些危险的事情。当然，父母在对孩子说"不"的同时，要用温和的态度向孩子解释原因，并借助一些看得见或摸得着的事实，让他真正理解并牢牢记住。

孩子3岁了，还能和大人一起睡吗

内心能否独立是3岁孩子能否正确认识自我的一项重要指标。研究表明，孩子的独立是从形式到内容的，所谓形式是看得见摸得着的儿童行为方式，而内容则是孩子的内心。让3岁孩子与大人分床睡，有助于他独立意识和自理能力的培养，并可促进其心理变得更加成熟。但是，让一个3岁孩子自己睡，并不是一件容易的事。

很多孩子到了3岁时还是喜欢睡在家长的身边，因为有安全感，但他们也因此形成了依赖，而且这种依赖心理还会延长孩子的入睡时间，容易造成入睡困难，等到孩子再大一点儿时就很难改变这种习惯。如果强行分床，就容易出现或多或少的心理问题。因此，若想让孩子早点儿独立，就不应该在晚上搂着他睡。

有时候孩子会半夜闯进爸爸妈妈的房间，要跟爸爸妈妈一起睡。如果妈妈不忍拒绝孩子的要求，让孩子和爸爸妈妈一起睡，其结果可能是爸爸从床上被挤出去。所以，妈妈应该毫不犹豫地把孩子送回到他自己的小床上去，态度要坚决而又和蔼。

3岁孩子也会出现一些新的睡眠问题，噩梦和对黑夜的恐惧也是孩子不愿意同父母分床的原因。你可以先帮助孩子克服这种恐惧，然后陪孩子回到他的小床上，并答应孩子在他入睡前一定不离开，等孩子入睡了你就可以回到自己的房间了。

对于有些难以改变旧习惯的孩子来说，强制他单独睡会对他的心理造成伤害，这时我们要循序渐进，一点点开展工作，可以先分床，再分房，让孩子慢慢适应。必要的时候，给他一个抱抱熊作为替代物，会让他有安全感。

这期间，父母的坚持很重要，有的父母一见孩子哭闹就忍不住了，又让孩子回来同睡。这样的做法是不可取的。即使是孩子央求只躺一小会儿，那也是不行的。孩子和父母分床而居并养成习惯，不是一两个晚上就能顺利完成的，反复是在所难免的。但父母只要下定决心，持之以恒，孩子的好习惯一定会养成的。